냥냥이랑 어휘로 사회 쏙

이은경, 안수정 지음

초등 3·1

학교는 재미있는데, 수업 시간은 좀 별로예요. 어렵고, 지루하고, 딱딱하고, 답답해요. 공부하기 싫어서 그런 것만은 아닌 것 같아요. 오늘은 열심히 해봐야지, 나도 공부 잘하고 싶어, 라고 굳게 결심한 날에도 수업 시간은 여전히 어렵고, 지루하고, 딱딱하고, 답답하거든요.

대체 나는 왜 이럴까요? 혹시 이런 고민해 본 적 있나요?

수업 시간이 지루하고 힘들어서 빨리 끝나기만을 바라는 우리 친구들의 딱한 표정을 안타깝게 바라보던 냥냥이 친구들이 있었어요. 이 친구들이 모두 모여 오랜 시간 고민한 끝에 드디어 그 이유를 찾아냈지요. 범인은 바로, 교과서 속 어휘! 어휘를 모르니 내용을 이해할 수 없는 거였어요.

우리 친구들이 보는 교과서에는 도저히 무슨 뜻인지 알 수 없는 어휘들이 툭툭 자꾸 튀어나와요. 이제 막 공부라는 것에 도전하려는 우리 친구들에게는 교과서 본문 속 어휘들이 너무나 낯설게 느껴졌을 거예요.

　어휘의 뜻만 미리 알고 있었다면 척척 이해되고 기억되었을 내용인데, 겨우 그것 때문에 지금껏 교과서와 친구가 되지 못했다니 억울할 지경이에요.

　그래서 냥냥이 친구들이 '짠' 하고 이렇게 나타났어요. 공부를 열심히 해서 시험도 백 점 맞고 싶고, 나만의 소중한 꿈도 이루고 싶고, 오래오래 기억될 훌륭한 사람이 되고 싶은 친구들을 위해 꼭 기억해야 할 어휘를 골라 주고, 설명해 주고, 교과서에서 찾아 주고, 퀴즈도 내줄 거예요. 어휘 공부가 끝나면 새롭게 알게 된 어휘를 내 것으로 만들어버릴 교재가 기다리고 있으니 활용해 보세요.

　이제 냥냥이가 이끄는 대로 즐겁게 한 발씩 따라가기만 하면 돼요. 그럼 자연스럽게 수업 시간이 만만하고, 즐겁고, 시간이 후딱 지나가는 제법 해볼 만한 도전이 될 거예요.

새롭고 힘찬 새학년의 시작을 응원하며
냥냥이 친구들이 🐾

이 책의 구성과 특징

배울 개념어의
뜻을 설명한다.

01 개항

외국과 무역을 할 수 있게 항구를 열어 외국 선박의 출입을 허가함

개념어가 한자어인 경우 그
음과 뜻을 알려 주고, 한자어가
아닌 경우 개념어의 어원이나 유래,
비슷한 말 따위를 설명한다.

어휘교실

저쪽에 개항
박물관이 있대.

개항박물관

開	港
열 개	항구 항

교과서에서
개념어가 사용된
문장을 알려 주어
개념어에 대한
이해를 높인다.

교과서 속 어휘찾기

- 인천 개항 박물관에서 인천 개항의 역사를 알 수 있다.

- 개항 이후, 새로운 서구 문물이 물밀듯이 들어왔다.

- 목포는 군산보다 먼저 개항을 하였다.

어휘친구 를 부탁해!

개항과 항구는 같은 걸까?

🐹 역사책을 읽는 중인데, '개항', '항구'란 어휘가 많이 나와. 끝말잇기 같지?

🐱 '항구'는 배가 안전하게 드나들도록 강가나 바닷가에 부두를 설비'
'개항'은 항구를 열어 외국 배의 출입을 허가하는 것을 말해. 이
바닷가 도시에는 항구가 있는데, 우리나라는 조선 시대 말
수 있게 처음 개항을 했다냥!

🐹 인천 개항 박물관에 가면 인천 개항의 역사도 알 수 있겠구나.

개념어의 확장된 의미에 대해 알려 주어 개념어만 공부하는 것이 아니라 폭넓은 어휘를 학습할 수 있게 한다.

냥냥이와 퀴즈대결

1. 외국과 무역을 할 수 있게 항구를 열어 외국 선박의 출입을 허가하는 것을
(   )(이)라고 한다.

2. 다음 중 개항을 할 수 있는 장소는?

① 축구   ② 항구   ③ 가구   ④ 야구

간단한 형태의 퀴즈를 풀며 개념어를 이해했는지 확인한다.

괜찬냥의 하루

조선은 강화도 조약을 체결한 후 개항하게 되었어.

외세에 의한 개항이었지.

개항 이후 많은 것들이 빠르게 바뀌었어.

옛날이야기는 재미있는데, 역사는 왜 이리 어려운 건지……

개념어를 사용한 재미있는 냥냥이들의 만화를 통하여 자연스럽게 개념어를 한번 더 인지시킨다.

냥냥이의 서술어 충전소

공유하다

너희 온라인 상에 과제를 올려 본 적 있어? 과제를 올려 친구들과 서로 볼 수 있게 공유했었지? 이렇게 두 사람 이상이 한 물건이나 정보를 공동으로 가지는 것을 '공유하다'라고 해.

비슷한 말 반대말

서술어 친구들

함께하다

공유화하다

공유하다

독차지하다

개념어랑 서술어랑

고장, 백지도, 안내도 + 공유하다

우리 모둠은 백지도에 장소 카드를 연결하여 우리 고장의 안내도를 만들었어. 모둠원 모두가 협력하여 고장의 안내도를 멋지게 완성했지. 선생님께서는 우리가 완성한 안내도를 게시판에 붙여 우리 반 친구들과 공유하게 해 주셨어.

뿌듯해!

차례

2. 우리가 알아보는 고장 이야기

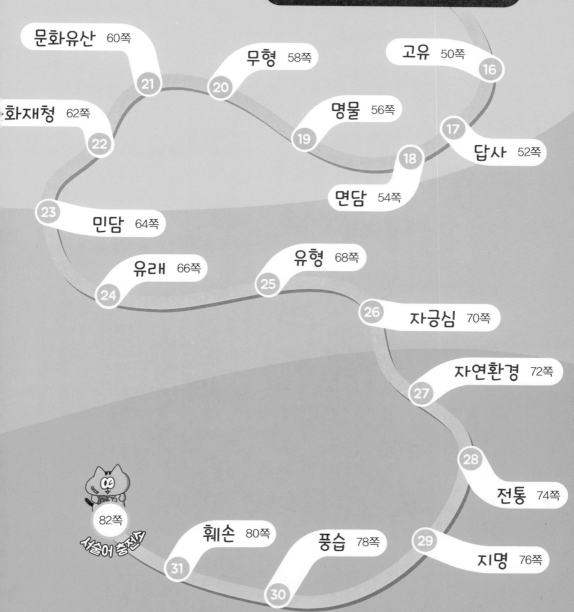

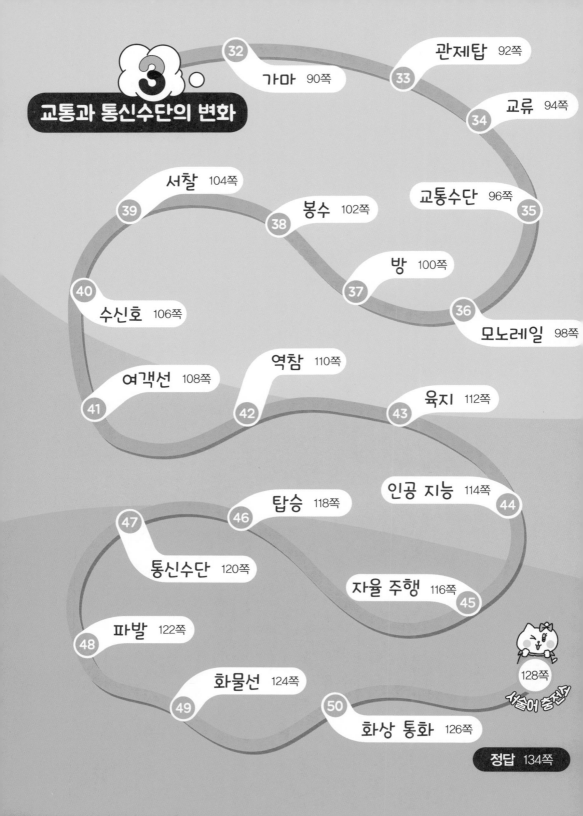

등장 인물 소개

괜찬냥
언제나 친구들을 먼저 따뜻하게 챙긴다.
친구에게 어려움이 있을 때 괜찮냐고 묻고 도와준다.

머라냥
친구들의 말을 열심히 안 듣고 있다가
나중에 엉뚱한 소리를 한다.

예쁘냥
예쁘고 발랄한 공주님 같은 고양이.
예쁜 것을 보면 정신을 못차리고 갖고 싶어 한다.

모르냥
잘 몰라서 새로운 내용이 나올 때마다 깜짝 놀란다.
친구들이 알려 주면 고마워한다.

알갓냥
똑똑하고 아는 게 많고 책을 좋아하고 자신감이 넘치고
잘난 척을 한다.

어쩌냥
사고를 치고 덜렁거리며 구멍이 많지만 해맑다.
일부러 그러는 건 아니지만 친구들에게 피해를 줄 때도 있다.

우리 고장의 모습

무엇을 배우나요?

1단원은 '(1) 우리가 생각하는 고장의 모습'과 '(2) 하늘에서 내려다본 고장의 모습'이라는 두 개의 소단원으로 되어 있어요. 우리 고장의 모습을 자유롭게 그려 보고, 친구와 비교하면서 공통점과 차이점을 찾아 고장에 대한 서로의 생각을 알아볼 거예요. 그리고 디지털 영상 지도를 활용하여 주요 지형지물의 위치를 파악하고, 백지도에 다시 배치하는 활동을 하여 고장의 실제 모습을 익혀보아요.

누리집

개항 　 주요 　 검색

고장

목적지 　 위치 　 드론

백지도 　 실제 　 디지털
영상 지도

인공위성 　 탐방

지형지물 　 안내도

공유하다 　 접속하다

해롭다 　 생생하다

01 개항

외국과 무역을 할 수 있게 항구를 열어 외국 선박의 출입을 허가함

어휘교실

저쪽에 개항 박물관이 있대.

개항박물관

開	港
열 개	항구 항

교과서 속 어휘찾기

- 인천 개항 박물관에서 인천 개항의 역사를 알 수 있다.

- 개항 이후, 새로운 서구 문물이 물밀듯이 들어왔다.

- 목포는 군산보다 먼저 개항을 하였다.

14

 역사책을 읽는 중인데, '개항', '항구'란 어휘가 많이 나와. 끝말잇기 같지?

'항구'는 배가 안전하게 드나들도록 강가나 바닷가에 부두를 설비한 곳이고, '개항'은 항구를 열어 외국 배의 출입을 허가하는 것을 말해. 인천이나 부산 등 바닷가 도시에는 항구가 있는데, 우리나라는 조선 시대 말 외국 배가 들어올 수 있게 처음 개항을 했다냥!

인천 개항 박물관에 가면 인천 개항의 역사도 알 수 있겠구나.

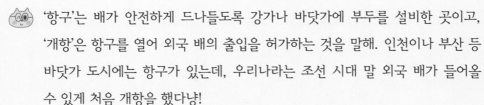

1. 외국과 무역을 할 수 있게 항구를 열어 외국 선박의 출입을 허가하는 것을 (   )(이)라고 한다.

2. 다음 중 개항을 할 수 있는 장소는?

① 축구   ② 항구   ③ 가구   ④ 야구

괜찮냥의 하루

O2 검색

책이나 컴퓨터에서, 목적에 따라 필요한 자료들을 찾아내는 일

검사할 **검**   찾을 **색**

교과서 속 어휘찾기

- 디지털 영상 지도 **검색**창에 찾고 싶은 장소를 입력하면 찾고 싶은 곳의 위치를 확인할 수 있다.

- 국토 정보 플랫폼에 접속한 후 '통합 지도 **검색**'에 들어간다.

- **검색** 기능을 활용해 우리 고장에서 좋아하는 장소를 살펴본다.

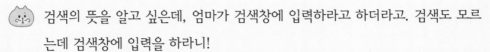

검색의 뜻을 알고 싶은데, 엄마가 검색창에 입력하라고 하더라고. 검색도 모르는데 검색창에 입력을 하라니!

하하! '검색'은 필요한 자료를 찾는 것을 말해. 그리고 '검색 창'은 인터넷에서 찾으려는 것을 입력하는 공간을 말하고. 네이버나 구글에 돋보기가 있는 곳 있지? 그곳이 바로 검색 창이야.

⬆ 검색창

아! 방금 좋아하는 만화책을 찾으려고 그곳에 책 제목을 입력했었는데……

1. 책이나 컴퓨터에서, 목적에 따라 필요한 자료들을 찾아내는 일을 (   )(이)라고 한다.

2. 검색을 할 때 찾으려는 것을 입력하는 공간은?

① 유리창   ② 가창   ③ 떼창   ④ 검색창

알갓냥의 하루

03 고장

사람이 많이 사는 지방이나 지역

아휴~ 어지러워!

우리 고장에도 높은 건물들이 정말 많구나!

순우리말로, 어떤 물건이 특히 많이 나거나 있는 곳도
'**고장**'이라고 한다.

교과서 속 어휘찾기

• 우리 고장에는 어떤 장소들이 있는지 알아본다.

• 친구와 만날 약속을 정할 때, 우리는 고장의 여러 장소를 떠올린다.

• 우리 고장의 모습을 자유롭게 그려 본다.

난 우리 고장이 정말 좋다냥!

나도. 우리 지역 공원의 꽃길은 정말 예쁘지.

지역이라고?

고장과 지역은 비슷한 말이야. 주변 고장들을 두루 묶어서 설명할 때 '지역'이
라고 많이 쓰지. 고장보다 좀더 넓은 의미라고 생각하면 돼. 예를 들면 수도권
지역, 도시 지역, 농촌 지역, 설악산 지역 따위로 사용된다냥!

1. (사람, 동물)이 많이 사는 지방이나 지역을 고장이라고 한다.

2. 고장과 비슷한 말은?

① 지우개 ② 지역 ③ 지구 ④ 지네

알갓냥의 하루

04 누리집

홈페이지를 다듬어 만든 우리말로, 개인이나 단체가 인터넷에서 볼 수 있게 만든 하이퍼텍스트   *하이퍼텍스트: 컴퓨터 용어로, 사용자가 비순차적으로 검색할 수 있게 제공하는 텍스트

누리집은 영어로 homepage(홈페이지)라고 하며,
세상, 세계를 뜻하는 '누리'와 '집'을 보태어 만든 말이다.

교과서 속 어휘찾기

• 우리 고장의 시 · 군 · 구청 **누리집**이나 관광 **누리집**에서 고장의 자랑할 만한
  장소를 찾아본다.

• 국토 지리 정보원 **누리집**에 접속한다.

• 우리 고장 **누리집**에서 찾을 수 있다.

20

누리집과 홈페이지는 하나도 안 비슷한데, 같은 말이라며?

맞아. 홈페이지는 영어식 표현이고, 누리집은 순우리말이야. 보통 홈페이지라는 어휘를 많이 사용하는데, 사회 교과서에서는 누리집이란 어휘를 더 많이 사용해.

누리집이란 어휘 너무 예뻐. 뭔가 누릴 것이 많아 보인다냥!

이미 넌 누리집에서 지나치게 많은 시간을 보내며 누리는 것 같은데?

냥냥이와 퀴즈대결

1. 홈페이지를 뜻하는 순우리말은?

① 문집   ② 누리집   ③ 냥냥이집   ④ 댕댕이집

2. 누리집에서 '누리'는 세상, 세계를 뜻한다. (O , X)

어쩌냥의 하루

머라냥! 어제 숙제 어렵던데, 다 했어?

어제 도서관에서 자료 찾느라 힘들었어.

난 누리집에서 쉽게 찾았지. 없는 게 없는 인터넷 세상!

누리집

05 드론

자율 항법 장치에 의하여 자동 조종되거나 무선 전파를 이용하여 원격 조종되는 무인 비행 물체

어휘교실

주변에 벌이 있나 봐.

위잉~ 위잉~

드론 소리잖냥!

drone

드론은 '**수벌**' 혹은 '**벌이 윙윙거리다**'라는 뜻에서
유래되었다고 알려져 있다.

교과서 속 어휘찾기

- 드론으로 인천 축구 경기장을 촬영해 본다.

- 넓은 지역을 한눈에 보고 싶을 때는 디지털 영상 지도나 드론을 이용하면 편리하다.

- 드론으로 하늘에서 찍은 사진을 볼 수 있다.

🐱 드론을 이용하면 높은 곳에서 사진이나 영상을 찍을 수 있고, 물건 배달하기, 논밭에 농약 뿌리기 따위도 원격 조종으로 할 수 있어.

🐱 정말 신기하다. 원격 조종은 멀리서 조종한다는 뜻이지?

🐱 맞아. '원격 조종'은 멀리 떨어진 곳에서 수동 또는 자동으로 신호를 보내어 기계를 동작하는 일을 말해. 드론을 원격 조종하는 거지.

🐱 장난감 자동차 원격 조종은 해 봤는데, 드론도 조종해 보고 싶다냥.

🐱 드론은 항공 안전법에 따라 미리 등록하고 날려야 한다는 것 잊지 마!

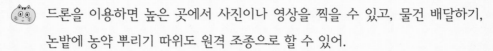

1. 자율 항법 장치에 의하여 자동 조종되거나 무선 전파를 이용하여 원격 조종되는 무인 비행 물체는 (드론, 드래곤)이다.

2. 드론으로 하늘에서 사진을 찍을 수 있다. (O, X)

예뽀냥의 하루

23

06 디지털 영상 지도

인공위성이나 비행기에서 찍은 사진이나 영상으로 만든 지도

digital	映	像	地	圖
	비칠 **영**	모양 **상**	땅 **지**	그림 **도**

교과서 속 어휘찾기

• 디지털 영상 지도를 이용하면 고장의 주요 장소를 살펴볼 수 있다.

• 관광 안내도에서 고장의 주요 지형지물을 찾아본 후 **디지털 영상 지도**에서 고장
의 실제 모습과 비교해 본다.

• 인공위성이나 항공기에서 찍은 사진을 이용해 **디지털 영상 지도**를 만든다.

 어휘친구 를 부탁해!

길도우미 덕분에 잘 찾았다.

길도우미가 뭐야? 우리 내비게이션 봤잖아.

길도우미는 내비게이션을 다듬어 만든 우리말이야. 길도우미도 디지털 영상 지도의 종류 중 하나지. 이것 봐봐!

우아! 종이 지도보다 훨씬 알아보기 쉽고, 위치를 정확하게 알 수 있네!

지도 서비스 누리집에 들어가면 여러 곳의 디지털 영상 지도를 볼 수 있다냥.

 냥냥이와 퀴즈대결

1. 인공위성이나 비행기에서 찍은 사진이나 영상으로 만든 지도는?

① 여우털   ② 돼지털   ③ 토끼털   ④ 디지털 영상 지도

2. 다음 중 디지털 영상 지도에서 볼 수 <u>없는</u> 것은?

① 우리 학교   ② 야구장   ③ 내 방   ④ 우리 아파트

괜찮냥의 하루

25

07 목적지

목적으로 삼는 곳

目	的	地
눈 목	과녁 적	땅 지

교과서 속 어휘찾기

- 비행기 안에서 모니터 화면으로 제공되는 디지털 영상 지도를 보면 현재 위치와 목적지까지 남은 거리, 걸리는 시간 따위를 알 수 있다.
- 목적지까지 더 빠르고 편리하게 갈 수 있다.

26

이 기차에 탄 모든 사람들의 행선지가 부산이라고? 설마 다 해운대가 목적지인 건 아니겠지?

행선지와 목적지는 같은 말 아니냥?

행선지는 떠나가는 목적지란 뜻이니 비슷하지만, 목적지가 좀 더 구체적인 장소를 의미하는 것처럼 느껴져.

참! 너 매번 행선지를 말하지 않고 나가서 너희 부모님이 걱정이 많으시다는데.

3학년이 된 뒤 행선지를 꼭 말하고 다녔는데, 아직 몰랐냥?

냥냥이와 퀴즈대결

1. 목적으로 삼는 곳을 (   )(이)라고 한다.

2. 목적지와 비슷한 말은?

① 땅지   ② 행선지   ③ 바지   ④ 가지

어쩌냥의 하루

27

08 백지도

지형의 기본적인 윤곽만을 그려 놓고, 다른 세부적인 것은 직접 기록할 수 있도록 한 지도

이것도 지도야?

백지도에 우리 학교와 도서관, 구청을 표시해 보자.

白	地	圖
흰 **백**	땅 **지**	그림 **도**

교과서 속 어휘찾기

- **백지도**에 원하는 정보만 표시할 수 있다.

- 우리 고장의 주요 장소를 **백지도**에 나타내 본다.

- **백지도**에 표시하고 싶은 주요 장소를 선택해 붙임쪽지에 쓴다.

색칠 공부 하는 거냥?

지도 그리는 중이야.

지도? 선만 있는데 이게 지도라고?

우리가 보는 일반 지도는 지역 이름과 기호가 모두 표시되어 있지만, 백지도는
산, 강, 큰길 따위의 밑그림만 그려져 있어.

우아! 백지도를 이용하면 나만의 지도를 만들 수 있겠네!

 냥냥이와 퀴즈대결

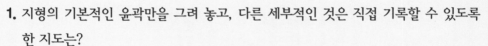

1. 지형의 기본적인 윤곽만을 그려 놓고, 다른 세부적인 것은 직접 기록할 수 있도록
한 지도는?

① 백화점 　　　　　② 백곰 　　　　　③ 백성 　　　　　④ 백지도

2. 다음 중 백지도에 그려져 있는 것이 <u>아닌</u> 것은?

① 강 　　　　　② 아주 좁은 길 　　　　　③ 산 　　　　　④ 큰길

어쩌냥의 하루

09 실제

사실의 경우나 형편

어휘교실

實
열매 **실**

際
즈음 **제**

실제 좀비가 나타나면 어쩌냥!

교과서 속 어휘찾기

- 디지털 영상 지도를 활용하여 중요 지형지물들의 위치를 파악하고, 백지도에 다시 배치하는 활동을 통하여 마을 또는 우리 고장의 **실제** 모습을 알아본다.

- 디지털 영상 지도의 모습과 고장의 **실제** 모습을 비교해 본다.

너 기분 좋아 보인다. 좋은 일 있냥?

지난 주말에 내가 좋아하는 가수를 실제로 만났어. 그리고 사인도 받았지롱. 실제 모습은 내가 상상했던 것과는 조금 달랐어.

그런데 상상과 실제를 어떻게 구분해?

'상상'은 실제로 경험하지 않은 현상이나 사물에 대하여 마음속으로 그려 보는 것을 의미해. 상상과 실제는 서로 반대의 의미이지. 잘생긴 그 가수 실제로 또 만나고 싶다냥!

1. 사실의 경우나 형편을 (   )(이)라고 한다.

2. 사실과 비슷한 말은?

① 실제   ② 실수   ③ 실례   ④ 실랑이

모르냥의 하루

10 안내도

장소나 행사와 같이 안내하는 내용을 그린 그림

案 책상 **안**

內 안 **내**

圖 그림 **도**

교과서 속 어휘찾기

• 백지도에 장소 카드를 붙여 우리 고장 **안내도**를 만든다.

• 고장의 **안내도**에는 고장에서 자랑할 만한 장소의 모습이나 위치가 담겨 있기 때문에 우리 고장을 소개할 때 이용할 수 있다.

• 디지털 영상 지도, 고장 **안내도** 따위를 이용해 여러 장소들의 위치를 확인해 본다.

32

 안내도가 없었으면 어디에 어떤 놀이기구가 있는지 찾기 힘들었을 거야.

맞아. 그래서 각 고장에는 고장 안내도가 있고, 산에는 등산 안내도가 있나 봐. 또 국립공원 안내도, 박물관 안내도, 미술관 안내도, 박람회 안내도…….

아! 이제 그만. 어떤 내용을 안내하느냐에 따라 다양한 안내도가 있다는 거잖냥!

하하! 난 네가 잘 모를까 봐 더 자세히 알려 주려고 했지.

1. 장소나 행사와 같이 안내하는 내용을 그린 그림을 (   )(이)라고 한다.

2. 다음 중 우리 고장을 안내하는 내용을 그린 그림은?

① 우리 고장 안내도   ② 미술관 안내도

③ 우리 집 안내도   ④ 내 방 안내도

괜찮냥의 하루

11 위치

일정한 곳에 자리를 차지함

位
자리 **위**

置
둘 **치**

교과서 속 어휘찾기

- 비행기나 인공위성에서 찍은 사진은 아주 높은 곳에서 찍었기 때문에 어떤 장소의 **위치**를 쉽게 알게 해 준다.

- 지형지물의 **위치**를 정확하게 알 수 있다.

- 장소의 대략적인 방향과 **위치**를 생각하며 그려 본다.

우리 집 옆에 근사한 도서관이 생긴다고 하더라.

오! 디지털 영상 지도로 살펴보니 도서관 위치로 좋네. 그런데 자리와 위치는 뭐가 다르냥?

'자리'는 사람이나 물체가 차지하고 있는 공간이란 뜻으로, 위치와 비슷한 의미야. 그런데 백지도에 표시할 때는 자리보다 위치라는 어휘가 더 어울려. 그래서 지도에서는 위치라는 어휘를 주로 사용하지.

1. 일정한 곳에 자리를 차지하는 것을 (부피, 위치)라고 한다.

2. 위치와 비슷한 말은?

① 자리 　　　② 자유 　　　③ 자연 　　　④ 자동

머라냥의 하루

35

12 인공위성

지구 따위의 행성 둘레를 돌도록 로켓을 이용하여 쏘아 올린 인공의 장치

人	工	衛	星
사람 인	장인 공	지킬 위	별 성

교과서 속 어휘찾기

- 사람들은 높은 곳에 있는 **인공위성**이나 항공기에서 찍은 사진을 이용해 디지털 영상 지도를 만든다.
- 우주에 떠 있는 **인공위성**이나 하늘을 나는 비행기에서 찍은 사진을 이용해 만든 지도를 디지털 영상 지도라고 한다.

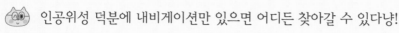

인공위성? 넌 뭐 해?

😺 인공위성 덕분에 내비게이션만 있으면 어디든 찾아갈 수 있다냥!

😺 인공위성 덕분이라고? 내비게이션과 인공위성이 무슨 관계가 있는 거야?

😺 인공위성에서 위치 정보를 받아 목적지로 정확하게 안내하는 기능을 하는 것이 내비게이션이야. 인공위성은 목적과 용도에 따라 일기 예보에 필요한 자료도 보내고, 멀리 떨어진 나라에서 하는 운동 경기도 생중계로 볼 수 있게 해.

😺 우아! 인공위성이 전 세계를 연결하는 데 많은 도움을 주네!

1. 지구 둘레를 돌도록 로켓을 이용하여 쏘아 올린 인공의 비행 물체로, 통신, 관측 등 다양한 일을 하는 장치를 (　　　　)(이)라고 한다.

2. 우리는 인공위성이 있어 먼 나라에서 하는 운동 경기를 생중계로 볼 수 있다. (O , X)

알갓냥의 하루

37

13 주요

주되고 중요함

어휘교실

오늘은 우리 고장의 주요 장소로 안내할게.

맛나분식

그곳이 분식집이냥?

主
임금 **주**

要
요긴할 **요**

교과서 속 어휘찾기

- 디지털 영상 지도를 이용하여 우리 고장의 **주요** 장소를 살펴본다.

- 우리 고장의 **주요** 장소를 백지도에 나타내 본다.

- 관광 안내도에서 고장의 **주요** 지형지물 찾아본다.

38

를 부탁해!

주요라니, 너 중요를 잘못 쓴 거 아니냥?

주요라는 어휘도 있어. '주요'는 주되고 중요하다는 의미이고, '중요'는 귀중하고 요긴하다는 의미야. 글자처럼 비슷하게 사용하지.

아하! 그럼 우리 고장의 주요 요소를 찾아보는 중요한 일을 함께 하는 건 어때?

아! 난 그보다 더 중요한 떡볶이 먹는 약속이 있어서 먼저 일어날게.

1. (   )은/는 주되고 중요함을 뜻한다.

2. 주요와 비슷한 말은?

① 주말   ② 동요   ③ 중요   ④ 중국

예쁘냥의 하루

마을 공원은 나의 주요 놀이터야.

나의 주요 놀이터는 분식집!

역시 너의 식탐은 못 말려!

뭐라냥! 나에겐 먹는 게 가장 중요한 일이다.

14 지형지물

땅의 생김새와 땅 위에 있는 모든 물체를 이르는 말

地	形	地	物
땅 **지**	모양 **형**	땅 **지**	물건 **물**

교과서 속 어휘찾기

• 우리 고장에는 다양한 **지형지물**이 있다.

• 고장의 주요 관광 장소가 표시된 관광 안내도를 보면서 우리 고장의 주요 **지형
지물**을 찾아본다.

• **지형지물**의 위치를 정확하게 알 수 있다.

40

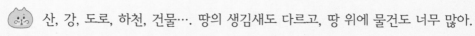
산, 강, 도로, 하천, 건물…. 땅의 생김새도 다르고, 땅 위에 물건도 너무 많아.

지형지물 말하는 거구나?

뭐? 지…, 지형지물?

땅 위에 있는 모든 것들을 지형지물이라고 하잖아. 너 몰랐냥?

아…. 다…, 당연히 알고 있지!

1. (   )은/는 땅의 생김새와 땅 위에 있는 모든 물체를 이르는 말이다.

2. 지형지물이 아닌 것은?

   ① 산   ② 강   ③ 다리   ④ 하늘

알갓냥의 하루

15 탐방

어떤 사실이나 소식 따위를 알아내기 위하여 사람이나 장소를 찾아감

교과서 속 어휘찾기

• 고장에서 한 번도 가 보지 않은 장소를 찾아본 후 모둠별로 고장 **탐방** 계획서를 만들어 본다.

• 우리 고장에 있는 주요 장소들 중 몇 곳을 골라 **탐방** 계획을 세워 본다.

• 여름 방학에는 농촌 체험 및 **탐방** 캠프가 많이 열린다.

방송국에 가서 내가 좋아하는 연예인을 답사하고 싶어.

그럴 땐 답사가 아니라 탐방이라고 하는 거야.

쳇! 또 잘난 체하기는! 근데 뭐가 다르냥?

'탐방'은 어떤 사실이나 소식들을 알아내기 위해 사람이나 장소를 찾아가는 것이고, '답사'는 현장에 가서 직접 보고 조사하는 거야. 의미는 거의 비슷하지만 탐방은 장소뿐만 아니라 사람도 조사하는 거지.

멀리서 BTS를 본다면 탐방이든 답사든 뭐든 하고 싶다냥!

1. 어떤 사실이나 소식 따위를 알아내기 위하여 사람이나 장소를 찾아가는 것을 (탐방, 답사)(이)라고 한다.

2. 다음 중 탐방하기에 알맞지 <u>않은</u> 것은?

① 맛집　　　　　② 경복궁　　　　　③ 학교　　　　　④ 내 방 옷장

어쩌냥의 하루

공유하다

너희 온라인 상에 과제를 올려 본 적 있어? 과제를 올려 친구들과 서로 볼 수 있게 공유했었지? 이렇게 두 사람 이상이 한 물건이나 정보를 공동으로 가지는 것을 '공유하다'라고 해.

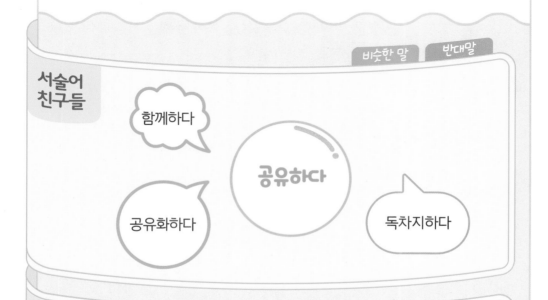

비슷한 말　　반대말

서술어 친구들

함께하다

공유하다

공유화하다

독차지하다

개념어랑 서술어랑

고장, 백지도, 안내도 + 공유하다

우리 모둠은 백지도에 장소 카드를 연결하여 우리 고장의 안내도를 만들었어. 모둠원 모두가 협력하여 고장의 안내도를 멋지게 완성했지. 선생님께서는 우리가 완성한 안내도를 게시판에 붙여 우리 반 친구들과 공유하게 해 주셨어.

뿌듯해!

44

생생하다

기자는 사건 현장을 직접 찾아가서 정보를 알아내. 덕분에 우리가 직접 그곳에 가지 않더라도 현장의 소식을 생생하게 느낄 수 있지. 이처럼 빛깔이 맑고 산뜻하거나 기억이나 현상이 마치 눈앞에 보이듯 또렷하고 분명한 것을 '생생하다'라고 해.

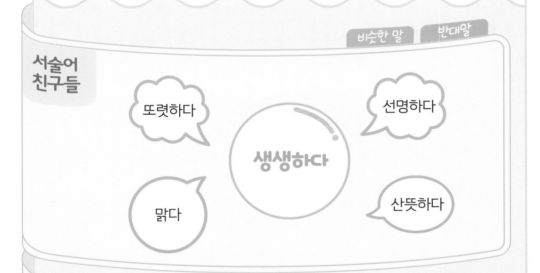

서술어 친구들

비슷한 말　　반대말

또렷하다

선명하다

생생하다

맑다

산뜻하다

개념어랑 서술어랑

고장, 디지털 영상 지도, 위치 + 생생하다

디지털 영상 지도에서 본 것과 모습이 똑같아!

사회 수업 시간에 디지털 영상 지도를 활용하여 우리 고장의 위치를 찾아보고, 고장의 생생한 모습을 살펴봤어. 거리뷰 기능을 이용하면 거리의 모습이 직접 가서 본 것처럼 생생하더라고.

접속하다

너희들 인터넷 포털 사이트에 들어가서 검색해 본 적 있지? 이때 인터넷 사이트의 정보를 얻기 위해서 들어가거나, 어떤 컴퓨터를 다른 컴퓨터에 신호나 정보를 주고받을 수 있도록 서로 연결하는 것을 '접속하다'라고 해. 오늘 너희들은 어디에 접속했어?

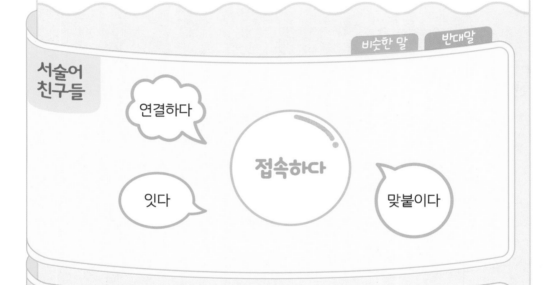

비슷한 말 | 반대말

서술어 친구들

연결하다

잇다

접속하다

맞붙이다

개념어랑 서술어랑

고장, 누리집, 주요 + 접속하다

우리 고장 주요 장소의 정보를 조사하기 위해 우리 고장의 문화 관광 누리집에 접속했어. 이 누리집에는 우리 고장의 주요 관광지와 축제, 맛집, 숙박 따위의 정보가 많이 있거든. 너희도 본다면 우리 고장에 놀러오고 싶을걸?

정보가 엄청 많아.

해롭다

나는 달콤한 사탕이나 쫄깃한 젤리가 너무 좋아. 그런데 엄마는 몸에 해롭다고 많이 먹지 말라고 하셔. 이렇게 몸이나 건강에 나쁜 영향을 미치는 점이 있는 것을 '해롭다'라고 해. 너희들도 혹시 나처럼 해로운 행동을 하고 있니?

서술어 친구들

비슷한 말　반대말

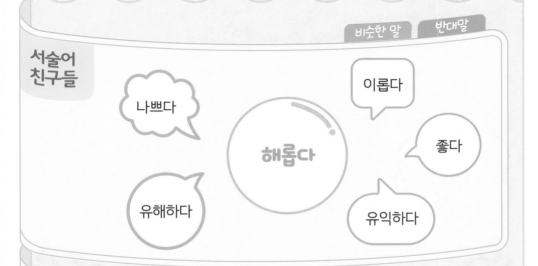

나쁘다

이롭다

해롭다

좋다

유해하다

유익하다

개념어랑 서술어랑

검색, 실제 + 해롭다

컴퓨터를 이용한 자료 검색 결과를 모두 믿을 수는 없어. 검색하여 나온 많은 자료 중 내게 필요한 정보를 고르는 것이 실제로 더 중요하지. 검색 결과 중 바르지 않거나 해로운 정보는 꼭 걸러야 해.

컴퓨터는 정보의 바다라더니 너무 넓은데!

정보 정보 정보 정보 정보

우리가 알아보는 고장 이야기

무엇을 배우나요?

2단원은 '(1) 우리 고장의 옛이야기'와 '(2) 우리 고장의 문화유산'이라는 두 개의 소단원으로 되어 있어요. 고장과 관련된 옛이야기를 통하여 고장의 역사적인 유래와 특징을 배우고, 고장에 전해 내려오는 대표적인 문화유산을 살펴보면서 고장에 대한 자긍심을 길러요.

훼손 답사 고유 유래 전통 명물

자긍심 자연환경 무형 문화유산

면담 유형 풍습

문화재청 민담 지명

간직하다 드러나다

가치 있다 파악하다

보존하다 인식하다

16 고유

본래부터 가지고 있는 특유한 것

어휘교실

색깔이 정말 아름다워.

세계 많은 나라에서 우리 고유의 옷인 한복을 칭찬한다냥.

固	有
굳을 **고**	있을 **유**

교과서 속 어휘찾기

- 고장에 전해 내려오는 옛이야기에는 고장의 고유한 특징이 담겨 있어 건물이나 도로, 마을, 행사 따위의 이름으로 사용하기도 한다.

- 우리 민족은 우리 민족의 고유한 문화를 잘 가꾸고 이를 발전시켜 왔다.

50

어휘친구를 부탁해!

덩기덕 쿵덕~ 우리나라 장구는 고유한 소리가 나서 좋다냥!

고유가 아니라 특유한 소리겠지. '특유'는 일정한 사물만이 특별히 갖추고 있는 것을 말해.

우리나라 고유의 악기인 장구는 특유한 소리가 난다고 해야겠네.

이제 알았으니 나랑 같이 장구를 배우는 건 어때?

난 악기 연주는 별로야. 우리나라 고유의 운동인 태권도에 도전할 거야! 내 몸은 내가 지켜야지.

냥냥이와 퀴즈대결

1. 본래부터 가지고 있는 특유한 것을 뜻하는 말은?

① 고구마   ② 고래   ③ 두유   ④ 고유

2. 우리나라 고유의 글자는 영어이다. (O, X)

괜찬냥의 하루

17 답사

현장에 가서 직접 보고 조사함

어휘교실

수원 화성 답사하러 같이 갈래?

좋아. 실제로 가서 자세히 조사해야지!

踏 밟을 답

查 조사할 사

교과서 속 어휘찾기

- 문화유산을 직접 보고 조사하는 활동을 답사라고 한다.

- 면담이나 답사를 통해 정보를 수집할 수 있다.

- 고장의 소중한 문화유산이 가까이에 있다는 것을 알게 된 학생들은 문화유산을 답사하기로 하였다.

52

오늘은 사전 답사 때문에 수업이 일찍 끝났다냥!

네가 사전 답사를 간다고?

나 말고 선생님! 그런데 사전 답사가 뭐냥?

'사전 답사'는 우리가 가게 될 답사를 위해 미리 상황을 검토하러 현장에 다녀오는 일을 말해. 선생님께서 사전 답사를 하러 가셔야 해서 수업이 일찍 끝난 거네.

한 달 후 식물원 답사가 너무 기대된다냥. 맛있는 간식, 많이 가져가야지.

1. 현장에 가서 직접 보고 조사하는 것을 (검색, 답사)(이)라고 한다.

2. 답사를 하기 전에 미리 상황을 검토하러 현장에 다녀오는 일은?

① 영어 사전   ② 국어 사전   ③ 사전 답사   ④ 백과사전

알갓냥의 하루

18 면담

서로 만나서 이야기함

어휘교실

같이 가자!

너 먼저 가.
난 선생님과
면담이 있다냥.

面 낮 **면**

談 말씀 **담**

교과서 속 어휘찾기

• **면담**이나 답사를 통해 정보를 수집할 수 있다.

• **면담**할 때에는 미리 연락을 드려 **면담** 약속을 정하고, 무엇을 물어볼지 질문을 준비해야 한다.

• 우리 고장에 오래 사신 어른과 **면담**하면서 고장의 옛이야기를 조사할 수 있다.

 내일 의사 선생님과 면담하기로 했어.

 상담이 아니고 면담?

 얼굴 보고 이야기하면 다 면담 아니야?

 둘 다 '談(말씀 담)'이 있는 비슷한 말이지만 약간 차이가 있어. '면담'은 얼굴을 보고 서로 만나서 이야기하는 거고, '상담'은 문제를 해결하기 위해 서로 의논하는 거야.

 그럼 앞으로 문제 있으면 다 내게 이야기해 봐. 내가 상담해 줄게. 하하!

1. (   )은/는 서로 만나서 이야기하는 것이다.

2. 면담과 비슷한 말은?

① 상담   ② 농담   ③ 속담   ④ 담요

어쩌냥의 하루

19 명물

어떤 지방의 이름난 사물

어휘교실

난 우리 학교의 명물.

암! 사고뭉치 명물이지.

名 이름 명

物 물건 물

교과서 속 어휘찾기

• 아주 오래전부터 전해 내려온 우리 고장의 **명물**을 찾았다.

• 저기 멀리 우뚝 서 있는 남산타워는 서울의 대표적인 **명물**이다.

• 이 음식은 남도의 전통적인 **명물**이다.

• 캥거루와 코알라는 호주의 **명물**이다.

🐱 천안의 명물은 호두과자, 전주의 명물은 전주비빔밥! 명물은 다 먹는 건가 봐.

🐱 음식뿐만 아니라 건축물, 물건, 동식물도 그 지방에서 이름난 거면 다 명물이 될 수 있어.

🐱 참! 지난주에 강화도에 다녀왔는데, 강화도에는 인삼이 명물이면서 특산물이라던데?

🐱 '특산물'은 그 지역에서 특별히 생산되는 것을 말해. 명물이 더 범위가 크지.

🐱 하하! 똑똑한 친구를 옆에 두니 좋네. 이제부터 너를 나의 명물로 인정하마.

1. 어떤 지방의 이름난 사물을 (   )(이)라고 한다.

2. 다음 중 전주의 명물은?

① 쌀   ② 인삼   ③ 비빔밥   ④ 호두과자

괜찮냥의 하루

57

20 무형

형상이나 형체가 없음

어휘교실

얼쑤!

판소리는 우리나라 무형 문화재야.

無	形
없을 **무**	모양 **형**

교과서 속 어휘찾기

- 문화유산에는 건축물이나 책, 공예품처럼 일정한 형태가 있는 유형 문화유산과 일정한 형태가 없지만 조상들의 지혜와 기술 따위가 담겨 있는 **무형** 문화유산 이 있다.

- **무형** 문화유산에는 음악이나 놀이, 작품을 만드는 기술 따위가 있다.

58

🐱 어제 경주에서 무형 문화재인 석굴암을 봤어.

🐱 석굴암은 유형 문화재야. 형태가 있는 것은 유형, 형태가 없는 것은 무형!

🐱 아~ 한자를 떠올리면 쉽구나! 유형은 '有(있을 유)', 무형은 '無(없을 무)'!

🐱 맞아. 유형 문화유산은 형태가 있는 그림, 책, 건축물 따위고, 무형 문화유산은
형태가 없는 음악, 놀이, 기술같은 것들이다냥.

 퀴즈대결

1. 무형은 형상이나 형체가 (있는, 없는) 것이다.

2. 무형의 반대말은?

① 인형　　　　　② 형님　　　　　③ 균형　　　　　④ 유형

예쁘냥의 하루

21 문화유산

우리 조상들로부터 전해 내려온 문화 중에서 다음 세대에게 물려줄 만한 가치가 있는 것

어휘교실

임금님이 살았던 경복궁이야.

우리의 문화유산을 대대손손 물려줘야지.

文	化	遺	産
글월 **문**	될 **화**	남길 **유**	낳을 **산**

교과서 속 어휘찾기

- 문화유산을 통해 옛날 사람들의 생활 모습이나 생각을 알 수 있다.

- 옛날부터 전해 내려온 것 중 다음 세대에 전해 줄 만한 가치가 있는 것을 **문화 유산**이라고 한다.

- 문화재청 누리집에서 우리 고장의 **문화유산**을 조사한다.

불국사는 우리의 문화유산이면서 세계 문화유산이야.

세계적으로도 유명한 거냥?

맞다냥. 세계 문화유산은 유네스코에서 세상 사람 모두를 위해 보호해야 할 보편적인 가치가 있다고 인정한 문화유산이야. 우리나라에서는 석굴암과 불국사, 합천 해인사 장경판전, 종묘가 가장 먼저 지정되었지.

와! 세계적으로 인정받았다고 하니 더 자랑스러운걸!

 냥냥이와 퀴즈대결

1. 우리 조상들로부터 전해 내려온 문화 중에서 다음 세대에게 물려줄 만한 가치가 있는 것을 (   )(이)라고 한다.

2. 다음 중 문화유산은?

　① 문어　　　　② 석굴암　　　　③ 문제　　　　④ 문장

어쩌냥의 하루

22 문화재청

문화재의 관리, 보호, 지정 따위의 사무를 맡아보는 중앙 행정 기관

어휘교실

어떡해. 여기 모서리가 깨져 있어.

문화재를 관리하는 문화재청에 빨리 알리자!

文	化	財	廳
글월 **문**	될 **화**	재물 **재**	관청 **청**

교과서 속 어휘찾기

- 어린이 · 청소년 문화재청 누리집에서 '우리 지역 문화재'를 선택한다.

- 문화재청 누리집을 방문하여 우리 고장의 문화유산을 찾아본다.

- 지난 주말에 문화재청에서 준비한 다양한 관람 행사에 참여했다.

 를 부탁해! 문화재와 문화재청의 차이는?

🐱 서울 숭례문이 문화재라는 거 알고 있냥?

🐰 당연하지. 우리나라 국보 1호라는 것도 알고 있지.

🐱 그럼 혹시 문화재청에서 관리한다는 것도 알고 있냥?

🐰 문화재를 관리하는 곳이 문화재청이니, 당연히 문화재청에서 관리하겠지.

🐱 오! 괜찮냥, 멋지구나!

🐰 하하! 알아주니 고맙네.

 퀴즈대결

1. 문화재의 관리, 보호, 지정 따위의 사무를 맡아보는 중앙 행정 기관은?

① 문화재청 　　② 박물관 　　③ 미술관 　　④ 교육청

2. 문화재청은 문화재를 관리하고 보존하는 일을 한다. (O, X)

모르냥의 하루

23 민담

예로부터 민간에 전하여 내려오는 이야기

어휘교실

옛날옛날에 우렁각시가 내려와….

너 또 옛날부터 전해 내려온 우렁각시 민담 이야기하려는 거냥?

民
백성 **민**

譚
클 **담**

교과서 속 어휘찾기

- 우리 고장에 전해 내려오는 옛이야기는 지명, 노래, **민담**, 전설, 속담 따위의 다양한 형태로 남아 있다.

- 옛이야기에는 옛날 사람들이 즐겨 부른 민요, 입으로 전해 오는 전설과 **민담**, 생활의 지혜를 엿볼 수 있는 고사성어 따위가 있다.

『콩쥐팥쥐』와 『호랑이와 곶감』을 쓴 사람이 누구냥?

옛날부터 입에서 입으로 전해진 이야기라 누가 지었는지 알 수 없어. 이런 걸 '민담'이라고 해.

어? 입에서 입으로 전해져 내려오는 이야기는 설화 아니냥?

설화도 맞는 말이야. '설화'는 민담이나 전설, 신화까지 포함하는 말이지. 각 고장에서 내려오는 설화에는 재미있는 게 많아.

오늘부터 우리 고장의 민간 설화를 조사해 봐야겠어. 민담 박사가 되고 싶거든. 하하!

1. 예로부터 민간에 전하여 내려오는 (노래, 이야기)를 민담이라고 한다.

2. 민담과 비슷한 말은?

① 고민   ② 비타민   ③ 민어   ④ 민간 설화

예쁘냥의 하루

24 유래

어떤 사물이나 일이 생겨남

어휘교실

우리 고장 이름이 어떻게 생겨났는지 유래를 찾아보자!

그걸 꼭 알아야 해?

由 말미암을 **유**

來 올 **래(내)**

교과서 속 어휘찾기

• 고장의 옛이야기로 오늘날 고장의 **유래**를 살펴본 후 또 다른 고장의 옛이야기를 찾아보았다.

• 옛이야기를 통해 고장의 옛날 모습을 알 수 있고, 오늘날 고장의 **유래**나 특징도 알 수 있다.

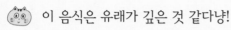

이 음식은 유래가 깊은 것 같다냥!

맞아. 조선 시대에 유래한 거래.

그럼 이 음식의 기원은 뭐냥?

기원? 유래와 같은 말이냥?

응. '기원'은 사물이 처음으로 생긴 것을 말해. 맨 처음 유래한 거지.

비슷하면서도 약간 다르구나.

1. 어떤 사물이나 일이 생겨나는 것은?

① 이유   ② 여유   ③ 우유   ④ 유래

2. 유래와 비슷한 말은?

① 병원   ② 기차   ③ 기원   ④ 기타

머라냥의 하루

25 유형

형상이나 형체가 있음

어휘교실

석굴암은 우리나라 유형 문화유산이면서, 유네스코가 지정한 세계유산이기도 하다냥.

有	形
있을 **유**	모양 **형**

교과서 속 어휘찾기

• 문화유산에는 형태가 있는 **유형** 문화유산과 형태가 없는 무형 문화유산이 있다.

• 문화유산에는 건축물이나 책, 공예품처럼 일정한 형태가 있는 **유형** 문화유산과 일정한 형태는 없지만 조상들의 지혜와 기술 따위가 담겨 있는 무형 문화유산이 있다.

68

내가 석굴암이나 불국사 같은 유형 문화유산을 만들 수는 없으니, 직접 무형 문화유산이 되어야겠어.

뭐라냥! 유형은 형태가 있고, 무형은 형태가 없다는 건 알겠는데, 그렇다고 네가 어떻게 무형 문화유산이 된다는 거냥?

너희들이 나를 문화유산으로 여겨 주면 되잖냥. 하하!

모르냥과는 대화가 안 돼!

냥냥이와 **퀴즈대결**

1. 형태가 있는 것을 (   ), 형태가 없는 것을 (   )(이)라고 한다.

2. 다음 중 유형 문화유산이 <u>아닌</u> 것은?

① 책   ② 궁궐   ③ 놀이   ④ 석탑

모르냥의 하루

26 자긍심

자기 스스로 자랑스럽게 생각하는 마음

어휘교실

우리 고장의 문화유산을 공부하고 나니 어때?

우리 고장에 대한 자긍심이 느껴진다냥.

自 스스로 **자**

矜 자랑할 **긍**

心 마음 **심**

교과서 속 어휘찾기

• 우리 고장의 문화유산을 보호하고, 널리 알리는 노력을 하면서 고장에 대한 자긍심을 길러 본다.

• 우리 고장 문화유산의 특징과 가치를 조사하고 소개 자료를 만들면 고장에 대한 자긍심을 느낄 수 있다.

 를 부탁해!

외국인들이 BTS 노래를 부르면 한국인으로서 자긍심이 느껴져.

나도나도! 또 엄청난 노력 끝에 메달을 딴 선수를 보면 자부심이 대단한 사람인 걸 알 수 있어.

자긍심은 알겠는데, 자부심은 뭐냥?

자긍심과 자부심은 비슷한 말이야. '자부심'은 자신의 가치나 능력을 믿고 당당히 여기는 마음을 뜻해.

 냥냥이와 퀴즈대결

1. 자기 스스로 자랑스럽게 생각하는 마음을 ( )(이)라고 한다.

2. 자긍심과 비슷한 말은?

① 자전거　　　② 자부심　　　③ 도자기　　　④ 자동차

예쁘냥의 하루

27 자연환경

인간 생활에 영향을 미치는 자연의 모든 요소가 이루는 환경

어휘교실

산과 강, 꽃과 나무, 너무 좋다.

이곳 자연환경은 정말 아름다워!

自	然	環	境
스스로 **자**	그럴 **연**	고리 **환**	지경 **경**

교과서 속 어휘찾기

- 고장에는 **자연환경**과 관련된 옛이야기가 전해 온다.

- 고장의 옛이야기에는 산, 들, 하천, 바다 따위의 **자연환경**이 담겨 있다.

- 고장의 **자연환경**이나 고장 사람들의 생활 모습이 드러나는 한 장소를 정한다.

🐱 내가 살고 있는 도시는 자연환경이 더 발달한 곳이야.

🐱 자연환경이 아니고 인문환경이지.

🐱 그게 그거 아니냥?

🐱 '자연환경'은 햇빛, 공기, 들, 강, 동식물 등 인간 생활에 영향을 미치는 자연의 모든 요소가 이루는 환경을 말해. '인문환경'은 인간 활동의 결과로 만들어진 환경을 말하고. 도시에서도 자연환경을 볼 수는 있지만 인문환경이 더 발달했어.

 퀴즈대결

1. 인간 생활에 영향을 미치는 자연의 모든 요소가 이루는 환경을 (   )(이)라고 한다.

2. 다음 중 자연환경이 <u>아닌</u> 것은?

① 바다   ② 강   ③ 산   ④ 놀이공원

괜찬냥의 하루

73

28 전통

어떤 집단이나 공동체에서, 옛날부터 전하여 내려오는 사상 · 관습 · 행동 따위의 양식

어휘교실

얼~쑤!

장구는 옛날부터 전해 내려오는 우리나라 전통 악기야.

傳　統

전할 **전**　거느릴 **통**

교과서 **속** 어휘찾기

- 고장의 문화유산에 관심을 갖고 **전통**문화를 지키기 위한 노력이 필요하다.

- **전통**문화를 잘 이어 온 고장에 살고 있다는 것이 자랑스럽다.

- **전통**문화는 현대로 오면서 많이 사라졌다.

난 설날에 먹는 떡국이 정말 좋다냥!

전통 음식을 좋아하는구나. 난 이번 설날에 떡국 먹고, 박물관에서 전통문화 체험을 했어.

오! 전통 음식은 알겠는데, 전통문화는 뭐냥?

'전통 음식'은 오래전부터 전해 내려오는 음식이고, '전통문화'는 판소리나 탈춤처럼 그 나라에서 발생하여 전해 내려오는 그 나라의 고유한 문화를 말해.

1. 어떤 집단이나 공동체에서, 옛날부터 전하여 내려오는 사상·관습·행동 따위의 양식을 (   )(이)라고 한다.

2. 다음 중 전통문화인 것은?

① 판소리   ② 자전거 타기   ③ 슬라임   ④ 스마트폰 게임

어쩌냥의 하루

29 지명

마을이나 지방, 산이나 강, 지역 따위에 붙여진 이름

어휘교실

지명에는 옛이야기가 담겨 있대.

그럼 효자동은 효자가 많아서 효자동인가?

地	名
땅 **지**	이름 **명**

교과서 속 어휘찾기

• 옛이야기는 고장, 산이나 하천, 도로, 학교 따위의 **지명**에서 찾을 수 있다.

• 고장의 **지명**에 담긴 옛이야기로 옛날 사람들의 생활 모습도 알 수 있다.

• 왕건과 관련된 옛이야기를 통해 팔공산과 주변의 **지명**이 생긴 까닭을 알 수 있다.

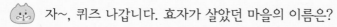

자~, 퀴즈 나갑니다. 효자가 살았던 마을의 이름은?

효자동!

정답. 그럼 햇볕이 잘 드는 양지쪽에 있는 마을의 이름은?

양촌리! 울 할머니 집이 양촌리거든. 하하!

이건 모를걸! 장승이 있었던 마을이어서 이름 붙여진 마을은?

뭐라냥! 장승배기잖아. 지금 우리 동네!

1. 지명이라고 부를 수 <u>없는</u> 것은?

　① 마을 이름　　② 내 이름　　③ 강 이름　　④ 산 이름

2. 장승이 있었던 마을에 가장 어울리는 이름은?

　① 효자동　　② 향교리　　③ 양촌리　　④ 장승배기

알갓냥의 하루

30 풍습

풍속과 습관을 아울러 이르는 말

어휘교실

세배하고 세뱃돈 받는 풍습, 너무 좋다냥.

설날이 한 달에 한 번씩 있으면 더 좋을 텐데!

風 바람 풍

習 익힐 습

교과서 속 어휘찾기

• 진주시에서는 임진왜란 당시 벌어진 진주성 전투에서 강물 위에 유등을 띄웠던 **풍습**이 이어져 해마다 진주 남강 유등 축제가 열리고 있다.

• 명절이면 흩어졌던 가족들이 한자리에 모이는 것이 우리나라의 **풍습**이다.

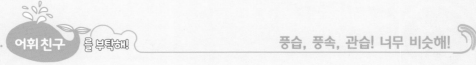
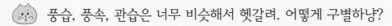

풍습, 풍속, 관습은 너무 비슷해서 헷갈려. 어떻게 구별하냥?

'풍습'은 풍속과 습관을 아울러 이르는 말, '풍속'은 옛날부터 그 사회에 전해오는 생활 전반에 걸친 습관, '관습'은 어떤 사회에서 오랫동안 지켜 내려와 그 사회 구성원들이 일반적으로 인정하는 규범이나 생활 방식이야. 이렇듯 풍습, 풍속, 관습은 의미가 거의 비슷해.

풍습, 풍속, 관습의 의미를 알고 나니 더 헷갈린다냥. 공부를 더 해야겠어.

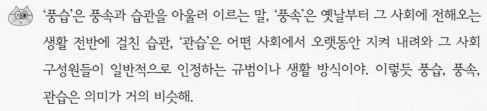

1. (   )은/는 풍속과 습관을 아울러 이르는 말이다.

2. 풍습과 비슷한 말은?

① 관습   ② 관리   ③ 유래   ④ 전통

모르냥의 하루

설날 떡국 한 그릇을 먹으면 나이도 한 살 더 먹는다는 의미 알지?

그래서 내가 세 그릇째 먹고 있잖냥.

왜? 가래떡은 장수를 의미하고, 떡국의 떡은 좋은 운세와 재화가 풍성하게 들어오기를 바라는 의미로 먹는 거잖아.

그러면 난 아직도 형보다 어린 거냥?

형보다 확실히 배는 더 나왔겠네.

31 훼손

헐거나 깨뜨려 못 쓰게 만듦

어휘교실

내가 좋아하는 옷이 훼손되었어.

毀 損

헐 **훼**　　덜 **손**

교과서 속 어휘찾기

- 소중한 문화유산을 **훼손**하지 않도록 주의한다.

- 관심에서 사라진 암각화 **훼손**이 심각하다.

- 등산할 때에는 자연환경을 **훼손**하지 않도록 주의해야 한다.

끝말잇기 시작! 훼손!

손상!

'훼손'은 헐거나 깨뜨려 못 쓰게 만드는 건데, 손상은 뭐야? 없는 어휘 아니냥?

나 참! '손상'은 물체가 깨지거나 상하는 것을 말하잖아. 손상된 물건이라는 말, 못 들어 봤어?

아! 난 자연환경 훼손, 명예 훼손만 들어본 것 같아서. 미안!

1. 헐거나 깨뜨려 못 쓰게 만드는 것을 훼손이라고 한다. (O, X)

2. 훼손과 비슷한 말은?

① 손상   ② 손가락   ③ 영상   ④ 상어

머라냥의 하루

가치 있다

네가 가지고 있는 물건 중에서 낡고 오래되었지만 버리지 않고 간직하고 있는 물건이 있니? 아마도 그런 물건은 네게 가치 있는 것이라 버리지 못한 것이겠지? 이렇게 사물이 지니고 있는 쓸모가 있는 것을 '가치 있다'라고 해. 나에게 가치 있는 물건에는 뭐가 있을까?

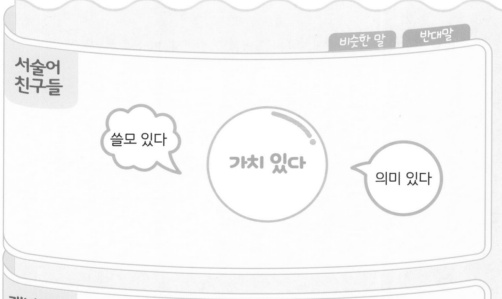

서술어 친구들

비슷한 말   반대말

쓸모 있다

가치 있다

의미 있다

개념어랑 서술어랑

문화유산, 자연환경 + 가치 있다

고장에는 옛날 사람들이 지은 건물, 사용한 도구, 자연환경, 불렀던 노래 따위의 여러 흔적들이 남아 있어. 그중에서 후손들에게 물려줄 만한 가치가 있는 것을 문화유산이라고 해.

이건 꼭 후손들에게 물려줘야 해.

간직하다

친구에게 받은 편지나 선물들을 간직하고 있니? 이것들을 잘 간직하는 것은 선물을 준 사람에게 기쁜 일이겠지? 이렇게 물건 따위를 어떤 장소에 잘 두거나, 생각이나 기억 따위를 마음속에 깊이 새겨 두는 것을 '간직하다'라고 해.

서술어 친구들

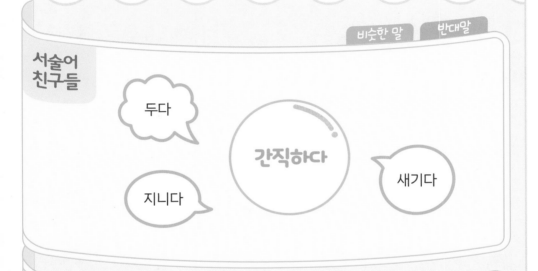

두다

간직하다

새기다

지니다

개념어랑 서술어랑

면담, 민담, 유래 + 간직하다

우리 고장에서 가장 오래 사신 할머니를 면담했어. 할머니께서 재미난 민담을 들려주셨는데, 이걸 통해 우리 고장의 유래를 알 수 있었어. 이러한 것들은 우리가 소중히 간직해야겠지?

면담을 시작하겠다냥!

냥냥이의 서술어 충전소

드러나다

서울에서 전해 내려오는 옛이야기 중에서 쌍우물 이야기 알아? 쌍우물 이야기에는 과거에 합격하고 싶은 소망이 잘 드러나 있어. 이렇게 가려 있거나 보이지 않던 것이 보이게 되거나, 알려지지 않은 사실이 널리 밝혀지는 것을 '드러나다'라고 해.

비슷한 말 **반대말**

서술어 친구들

나타나다

밝혀지다

드러나다

보이다

알려지다

개념어랑 서술어랑

문화유산, 문화재청, 전통 + 드러나다

오늘은 그동안 문화재청에 접속하여 조사했던 전통 문화유산을 반 친구들에게 소개하는 날이야. 우리 모둠은 우리 고장의 문화유산의 특징이 잘 드러나는 안내도를 만들어 발표했어.

우리 모둠 파이팅!

안내도

보존하다

박물관에 가 본 적 있지? 박물관에는 우리 조상들의 문화유산이 잘 보존되어 있어 후손들이 볼 수 있잖아. 이렇게 사람이 잘 보호하고 지켜서 남아 있게 하는 것을 '보존하다'라고 해. 그리고 문화재청에서 우리 문화재를 보존하는 일을 한다는 것도 알고 있겠지?

서술어 친구들

보호하다

보전하다

보존하다

지키다

개념어랑 서술어랑

답사, 문화유산, 유형 + 보존하다

주말에 공주에 있는 무령왕릉으로 답사를 다녀왔어. 무령왕릉은 백제 제25대 임금 무령왕의 무덤으로, 유형 문화유산이야. 이 무령왕릉은 1500년이 지났지만 잘 보존되어 있었어.

후손들도 볼 수 있도록 잘 보존해야지.

85

인식하다

우리 친구들은 모두 쓰레기 분류 배출을 잘하고 있겠지? 환경을 보호하기 위해 재활용 가능한 것과 그렇지 않은 것을 구분하여 쓰레기를 버리잖아. 이렇게 하는 것은 환경 보호의 중요함을 인식하고 하는 행동이야. 이렇게 사물을 분별하고 판단하여 아는 것을 '인식하다'라고 표현해.

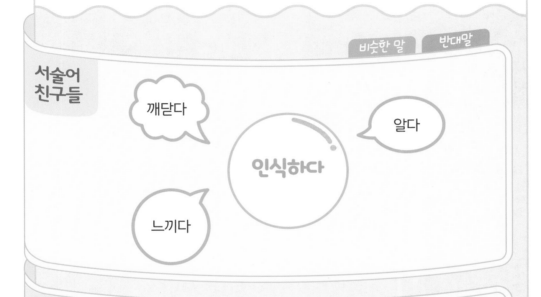

서술어 친구들

비슷한 말   반대말

깨닫다

인식하다

알다

느끼다

개념어랑 서술어랑

유래, 전통 + 인식하다

음악 시간에 우리의 전통 악기인 거문고에 대해 배웠어. 거문고를 연주하자 검은 학이 나타나 춤을 추었다는 유래도 알게 되었지. 또 내가 거문고 소리를 좋아한다는 것도 인식하게 된 시간이었어.

띵까띵까~

파악하다

용돈이 필요하면 엄마나 아빠게 말씀드리지? 그때 엄마, 아빠의 말이나 표정, 기분을 잘 살핀 후 말씀드린다면 기분 좋게 용돈을 받을 수 있을 거야. 이렇게 어떤 대상의 내용이나 본질을 확실하게 이해하여 아는 것을 '파악하다'라고 해.

서술어 친구들

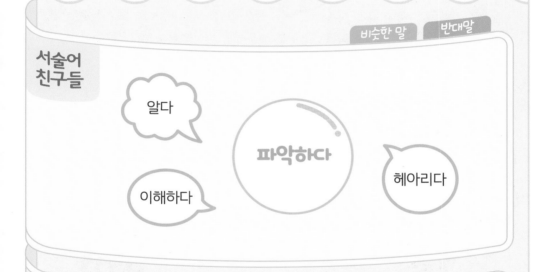

알다

파악하다

헤아리다

이해하다

개념어랑 서술어랑

문화유산, 유래 + 파악하다

우리 고장의 옛이야기를 들어 본 적 있니? 고장의 옛이야기를 살펴보면 우리 고장의 특징과 역사적인 유래를 파악할 수 있어. 그리고 관련된 문화유산의 특징과 가치도 파악할 수 있지.

옛이야기로 문화유산까지 파악할 수 있구나!

3. 교통과 통신수단의 변화

무엇을 배우나요?

3단원은 '(1) 교통수단의 발달과 생활 모습의 변화'와 '(2) 통신수단의 발달과 생활 모습의 변화'라는 두 개의 소단원으로 되어 있어요. 여기에서는 옛날과 오늘날의 교통수단의 발달에 따른 생활 모습의 변화를 배울 거예요. 그리고 옛날과 오늘날의 통신수단의 발달에 따른 생활 모습의 변화를 알게 될 거예요.

가마

인공 지능

교류

관제탑

화상 통화

탑승

자율 주행

여객선

봉수

파발

역참

수신호

방

통신수단

교통수단

서찰

화물선

육지

모노레일

변화하다

운반하다

개발하다

체험하다

가파르다

적절하다

32 가마

예전에, 한 사람이 안에 타고 둘이나 넷이 들거나 메던, 조그만 집 모양의 탈것

어휘교실

전통 혼례에서 신랑은 말을 타고 신부는 가마를 탔대.

가마를 메는 사람들을 **가마꾼**이라고 했다.

교과서 속 어휘찾기

- 옛날 사람들은 주로 걸어서 이동했지만 말, **가마**, 돛단배 따위의 교통수단을 이용하기도 했다.
- 사람이나 짐을 옮기거나 강을 건널 때 말이나 소, **가마**, 뗏목, 나룻배, 돛단배 따위를 이용하였다.

90

어휘친구를 부탁해!

도자기 체험 때 내가 만든 컵이야. 가마에 넣어 구운 다음 보내 주셨어.

가마에 넣어 구웠다고? 가마는 타는 것 아니냥?

예전에 사람이 타던 조그만 집 모양의 탈 것을 가마라고 하지만, 숯이나 도자기, 기와, 벽돌 따위를 구워 내는 시설도 가마라고 해.

타는 가마와 굽는 가마가 있구나. 그런데 네 컵에 뭔가 새겨져 있다냥.

나의 비밀 암호를 새겨 놓았지. 하하

 냥냥이와 퀴즈대결

1. 예전에, 한 사람이 안에 타고 둘이나 넷이 들거나 메던, 조그만 집 모양의 탈것을 (가마, 자전거)라고 한다.

2. 숯이나 도자기, 기와, 벽돌 따위를 구워 내는 시설은?

   ① 가방   ② 가구   ③ 가마   ④ 가수

예쁘냥의 하루

관제탑

비행장에서 비행기가 뜨고 내리는 것을 지시하고 비행장 안을 통제하는, 탑처럼 생긴 높은 건물

어휘교실

비행장에 웬 탑?

관제탑에서 비행기의 교통을 관리하고 통제하잖아.

管	制	塔
대롱 관	절제할 제	탑 탑

교과서 속 어휘찾기

- 공항에는 **관제탑**과 탑승을 도와주는 사무실 따위의 다양한 시설이 있다.

- 공항에서는 **관제탑**의 지시 사항을 따라야 한다.

- **관제탑**은 공항의 심장이라고 할 수 있다.

저기 탑처럼 생긴 높은 건물이 관제탑이냥?

맞다냥! 관제탑은 비행장에서 비행기가 뜨고 내리는 것을 지시하고, 비행장 안을 통제해. 그래서 관제탑은 비행장 전체를 잘 볼 수 있는 위치에 설치하지!

아! 그래서 저렇게 높은 곳에 있는 거구나.

또 비행장 내의 비행기 이동 지역에 있는 사람이나 차량을 통제하는 일도 한다냥!

1. 비행장에서 비행기가 뜨고 내리는 것을 지시하고 비행장 안을 통제하는, 탑처럼 생긴 높은 건물은?

① 공항   ② 빌딩   ③ 관제탑   ④ 비행기

2. 관제탑은 비행장 전체를 잘 볼 수 있는 위치에 설치한다. (O, X)

알갓냥의 하루

34 교류

서로 다른 개인, 지역, 나라 사이에서 물건이나 기술, 문화, 종교, 사상 따위를 서로 주고받는 것

교과서 속 어휘찾기

- 교통수단이 발달하면서 고장 간의 사람과 물건의 **교류**가 더욱 활발해졌다.

- 고장에 새로운 교통수단이나 교통 시설이 생기면 고장의 여러 장소로 쉽게 이동할 수 있고, 우리 고장 사람들은 물론 다른 고장 사람들과도 **교류**가 활발해진다.

네가 만든 웹툰이야? 대단하다! 다른 나라와 교류해도 되겠어.

지금 내 웹툰을 교환하라는 거냥?

교환이 아니고 물건이나 기술, 문화 따위를 서로 주고받는 '교류'! 문화 교류를 통해서 너도 BTS처럼 세계적으로 인기를 끌 수 있잖아.

오! 멋진 일이다! 그 전에 어제 산 옷이 작아서 교류해야 하는데….

그건 교환이라고 해. '교환'은 서로 맞바꾼다는 의미가 강하지. 친구와 서로 선물을 주고받는 것을 교환이라고 하는 것처럼.

냥냥이와 퀴즈대결

1. 서로 다른 개인, 지역, 나라 사이에서 물건이나 기술, 문화, 종교, 사상 따위를 서로 주고받는 것을 (   )이)라고 한다.

2. 산 옷이 맞지 않을 때는 옷을 산 상점에서 맞는 옷으로 (교류, 교환)한다.

괜찬냥의 하루

35 교통수단

사람이 이동하거나 짐을 옮기는 데 쓰는 수단

어휘교실

차도 아니고 낙타를 타다니.

낙타는 사막의 중요한 교통수단이야.

交 사귈 교

通 통할 통

手 손 수

段 층계 단

교과서 속 어휘찾기

• 자동차, 기차와 같이 사람이 이동하거나 물건을 옮길 때 쓰는 방법이나 도구를 **교통수단**이라고 한다.

• 옛날부터 사람들은 이동하거나 물건을 옮기는 데 **교통수단**을 이용하였다.

96

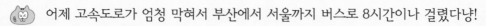

어제 고속도로가 엄청 막혀서 부산에서 서울까지 버스로 8시간이나 걸렸다냥!

KTX를 타면 2시간 30분 정도면 되는데!

그렇게나 빨리? 예전에는 기차로 5시간도 더 걸렸다던데?

그때는 교통수단이 지금처럼 발달하지 않았지. 더 옛날에는 말이나 가마를 탔으니 더 오래 걸렸을 거야.

교통수단도 많이 발전했구나! 과학 기술은 참 많은 것을 변화시킨다냥!

1. (   )수단은 사람이 이동하거나 짐을 옮기는 데 쓰는 수단이다.

2. 다음 중 오늘날의 교통수단이 **아닌** 것은?

① 가마   ② 비행기   ③ 승용차   ④ 고속 열차

어쩌냥의 하루

97

 **36 모노레일**

선로가 한 가닥인 철도

어휘교실

내 맛있는 양식들! 모노레일에서 굴러떨어지진 않겠지?

monorail

mono는 어휘의 앞에 붙어서 **하나, 혼자**를 뜻한다.

교과서 속 어휘찾기

• **모노레일**은 산이 험한 고장에서 가파른 길을 오르내리며 농작물이나 농기구를 실어 나르기 위해 이용한다.

• **모노레일**은 산비탈에 재배한 농작물을 수확해 운반할 때 이용한다.

• **모노레일**은 경사가 심한 곳에서 물건을 실어 나를 때 이용하는 교통수단이다.

이곳 휴양림은 모노레일이 인기야!

여기에 모노레일이 있다고? 모노레일은 산이 많은 지역에서 농사 짓는 분들이 많이 사용하잖아. 높고 경사가 심해 트럭이 다니기 어려운 곳에서 농사 도구나 수확한 농산물 따위를 운반하는 데 이용하고.

난 놀이기구인 줄로만 알았는데, 특별한 교통수단이었네!

그래도 오늘 우리에게는 놀이기구이니 신나게 타 보자고!

1. 모노레일은 선로가 (하나, 둘)인 철도이다.

2. 산이 많은 지역에서 농사 도구나 수확한 농산물 따위를 운반하기 위해 이용하는 것은?

   ① 비행기   ② 모노레일   ③ 배   ④ 지하철

모르냥의 하루

37 방

어떤 일을 널리 알리기 위하여 사람들이 다니는 길거리나 많이 모이는 곳에 써 붙이는 글

어휘교실

내가 예쁘다는 걸 널리 알리기 위해 방을 붙이는 중!

예쁘냥은 예쁘다.

아이고! 누가 볼까 부끄럽네.

榜

방 붙일 **방**

교과서 속 어휘찾기

• 널리 알려야 하는 정보는 글로 써서 사람들이 많이 모이는 곳에 **방**을 붙였다.

• 나라에서 **방**을 붙여 사람들에게 소식을 알리기도 하였다.

• 어느 날 어부는 외적을 보면 즉시 관아에 알리라고 쓰인 **방**을 봤다.

 사거리에 '학교 앞에 쓰레기를 버리지 말자'는 방을 붙이자.

 방을 붙인다고? 누구 방? 집에 있는 방을 어떻게 붙인다는 거냥?

 아이고! 방에는 여러 가지 뜻이 있어. 사람이 살거나 일을 하기 위하여 벽으로 만든 칸도 '방'이라고 하지만, 어떤 일을 널리 알리기 위해 사람들이 다니는 길거리에 써 붙이는 글도 '방'이라고 해.

 글자는 같은데 의미가 다르니 헷갈린다냥!

1. 어떤 일을 널리 알리기 위해 사람들이 다니는 길거리에 써 붙이는 글은?

2. 다음 (   ) 안에 공통으로 쓰이는 어휘는?

> • 나라에서 (   )을/를 붙여 사람들에게 소식을 알리기도 하였다.
>
> • 어느 날 어부는 외적을 보면 즉시 관아에 알리라고 쓰인 (   )을/를 봤다.

어쩌냥의 하루

101

38 봉수

고려·조선 시대에, 밤에는 횃불, 낮에는 연기를 올려 국경 지역에서 발생하는 병란이나 사변(전쟁)을 중앙에 알리던 통신 제도

어휘교실

우아, 이건 무슨 탑이야?

그건 봉수대야. 낮에는 연기, 밤에는 불을 피워 나라의 중요한 일을 알렸지.

烽
봉화 **봉**

燧
부싯돌 **수**

교과서 속 어휘찾기

• 봉수는 옛날에 적의 침입이나 나라의 위급한 상황을 한양에 알리던 통신수단이다.

• 옛날에는 적이 쳐들어오거나 나라에 위급한 상황이 생겼을 때 **봉수**, 파발, 신호연, 북 따위를 이용해 소식을 전했다.

어휘친구를 부탁해!

🐱 봉화는 들어봤는데 봉수는 또 뭐냥?

🐱 봉수와 봉화는 비슷한 말이야. '봉수'는 고려·조선 시대에 낮에는 연기, 밤에는 불을 피워서 나라의 위급한 상황을 알리던 통신 제도였어. 횃불이나 연기의 개수로 위급한 정도를 알렸지.

🐱 우아! 불이나 연기의 개수로 위급한 정도를 알렸다니, 대단하다냥!

🐱 평상시에는 1개, 적이 국경 지대에 나타나면 2개, 적이 국경에 가까이 오면 3개, 적이 쳐들어오면 4개, 적과 싸움이 시작되면 5개의 봉수를 피웠대.

냥냥이와 **퀴즈대결**

1. 옛날에 낮에는 연기, 밤에는 불을 피워 나라의 위급한 상황을 알렸던 통신 제도는?

① 카톡   ② 무전   ③ 전화   ④ 봉수

2. 적과 싸움이 시작되었을 때 피우는 봉수의 개수는 5개이다. (O, X)

괜찮냥의 하루

39 서찰

안부나 소식 따위를 적어 보내는 글

書 글 서

札 편지 찰

교과서 속 어휘찾기

- 서찰은 옛날에 안부나 소식을 적어 보낸 글이다.

- 옛날 사람들은 서찰을 보내 소식을 전했다.

- 옛날 사람들은 방, 서찰, 파발 따위를 이용하여 소식과 정보를 전하였다.

난 요즘 서찰 쓰는 재미를 알게 되었어.

매일 왕을 흉내 내며 편지를 쓰더니, 이젠 편지를 서찰이라고 하네. 이제부터 옛날 말 쓰기로 한 거냥?

에헴! 편지라니! 이 서찰에 내 안부와 소식을 적을 테니 잘 전해 주구려.

그러면 나는 지금 서찰을 전할 수 없다는 거절의 서찰을 써야겠다냥! 메롱!

1. 안부나 소식 따위를 적어 보내는 글을 (   )(이)라고 한다.

2. 서찰과 비슷한 말은?

① 메시지   ② 문서   ③ 편지   ④ 서류

모르냥의 하루

40 수신호

손으로 하는 신호

手 信 號

손 **수** | 믿을 **신** | 이름 **호**

교과서 속 어휘찾기

- 바닷속에서는 **수신호**로 의사소통을 한다.

- 잠수부는 **수신호**를 이용한다.

- 관중석 앞자리에 앉아 투수와 포수가 서로 **수신호**를 주고받는 것을 보니 정말 신기했다.

🐱 야구에서 투수랑 포수랑 계속 손동작을 하던데, 왜 그런 거냥?

🐱 신호를 주고받는 거야. 수신호라고 해. 물속에서 말을 할 수 없는 잠수부, 교통 정리를 하는 경찰관, 주차 안내 요원 등 말을 할 수 없는 상황에서 많이 사용해.

🐱 내가 이제 수신호를 사용해 볼게. 알아맞혀 봐!

🐱 음~, 배고프다고?

🐱 바로 맞혔네!

🐱 넌 수신호 아니어도 늘 내게 배고프다고 말하잖냥!

퀴즈대결

1. 손으로 하는 신호를 뜻하는 말은?

　① 수정과　　　　② 수신호　　　　③ 수박　　　　④ 수세미

2. 잠수부는 물속에서 수신호를 이용한다. (O, X)

괜찮냥의 하루

107

41 여객선

41 여객선

41 여객선

41 여객선

여행하는 사람들을 태워 나르기 위한 배

어휘 교실

旅	客	船
나그네 려(여)	손 객	배 선

교과서 속 어휘 찾기

- **여객선**은 주로 여객과 적은 양의 특수 화물 및 우편물을 싣는 설비를 갖추고 있다.
- 비행기나 배를 타기 위한 공항, **여객선** 터미널 같은 시설이 생겼다.
- 교통수단에는 자동차, 비행기, **여객선** 따위가 있다.

화물선을 타보고 싶다냥!

여객선이 아니고 화물선?

응. 여객선은 타봤으니 화물선이 궁금해.

하하! '여객선'은 여행하는 사람들을 태워 나르는 배이고, '화물선'은 화물을 실어 나르는 배야. 네가 화물선을 탈 일은 없을 듯한데?

아하! 난 화물선이 비싸고 좋은 배인 줄 알았다냥!

냥냥이와 퀴즈대결

1. 여행하는 사람들을 태워 나르기 위한 배는?

① 화물선   ② 함선   ③ 어선   ④ 여객선

2. 여객선 안에서 많이 볼 수 있는 것은?

① 여행하는 사람   ② 대량의 화물   ③ 생선들   ④ 동물들

어쩌냥의 하루

42 역참

옛날에 소식을 전하러 먼 곳까지 가는 파발꾼들이 쉬어 가거나 말을 갈아탈 수 있도록 준비한 곳

이곳 역참은 시설이 좋다냥.

우리도 이곳에서 쉬어 갈까?

驛
역 역

站
역마을 참

교과서 속 어휘찾기

• 옛날에 소식을 전하러 먼 곳까지 가는 파발꾼들이 쉬어 가거나 말을 갈아탈 수 있도록 준비한 곳을 **역참**이라고 한다.

• 서울특별시 강남구의 역삼, 경기도 부천시의 역곡은 옛날에 **역참**이 있던 자리여서 붙은 이름이다.

🐱 이리오너라. 오늘은 뭐하느냐?

🐱 말투를 보니 아직도 조선 시대 놀이에 빠져 있군! 난 오늘 사촌동생이 온다고
해서 역에 마중 나가는 길이야.

🐱 역참에 나가는군!

🐱 뭔 소리냥? 서울역에 갈 거야.

🐱 조선 시대의 역참이 오늘날의 기차역에 해당하지. 마굿간과 여관을 제공하고,
지방의 공적 업무를 대행하던 장소였어. 대개 25리(4 km)마다 1참을 두었지.

퀴즈대결

1. 옛날에 파발꾼들이 말을 갈아탈 수 있도록 준비한 곳을 (   )(이)라고 한다.

2. 다음 중 역참에서 갈아탈 수 있는 동물은?

　① 소　　　　　② 말　　　　　③ 돼지　　　　　④ 낙타

머라냥의 하루

43 육지

강이나 바다와 같이 물이 있는 곳을 제외한 지구의 겉면

어휘교실

울릉도와 독도는 육지에서 멀리 떨어진 섬이야.

독도는 우리 땅!

독도는 우리 땅, 우리 땅!

陸 — 뭍 륙(육)

地 — 땅 지

교과서 속 어휘찾기

- 육지에서 멀리 떨어진 외딴섬에도 편리하게 갈 수 있다.

- 이 다리는 섬과 육지를 이어 주는 역할을 한다.

- 오랜 항해 끝에 마침내 육지에 도달했다.

- 사람과 함께 자동차를 배에 실어 섬이나 육지로 운반하는 교통수단도 있다.

육지? 뭍? 땅? 어떻게 구분해서 사용하냥?

육지, 뭍, 땅 모두 강이나 바다와 같이 물이 있는 곳을 제외한 지구의 겉면이란 의미로 비슷하게 사용해. 특히 '뭍'은 육지의 순우리말이야.

그래서 '육' 자가 한자로 '陸(뭍 육)'이구나.

우리가 지금 있는 곳이 뭍이지.

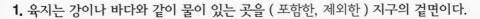

1. 육지는 강이나 바다와 같이 물이 있는 곳을 (포함한, 제외한) 지구의 겉면이다.

2. 다음 중 뜻이 <u>다른</u> 하나는?

   ① 뭍   ② 땅   ③ 육지   ④ 바다

모르냥의 하루

44 인공 지능

인간의 지능이 가지는 학습, 추리, 적응, 논증 따위의 기능을 갖춘 컴퓨터 시스템. 영어로 AI(에이아이, Artificial Intelligence)라고 함

어휘교실

人 사람 인

工 장인 공

知 알 지

能 능할 능

교과서 속 어휘찾기

- 과학 기술이 더욱 발달하면서 사람들은 인공 지능을 갖춘 자율 주행 자동차를 개발하고 있다.

- 인공 지능 센서가 부착된 방은 온도와 습도가 자동으로 조절된다.

인공 지능 스피커가 너무 똑똑하니까 좀 짜증이 나더라고.

난 내가 모르는 걸 다 알려 주니까 좋던데.

물론 그렇기는 하지만, 모든 것이 인공 지능으로 바뀔까 봐 겁도 난다냥!

선생님께서 그러셨는데, 인공 지능은 인간에게 도움을 주기 위한 거래. 또 그런 목적으로 만든다고 하셨어.

그럼 우리에겐 숙제를 대신해 주는 인공 지능 로봇이 있었음 좋겠다냥!

그 말 할 줄 알았어.

1. (   )은/는 인간의 지능이 가지는 학습 능력을 갖춘 컴퓨터 시스템이다.

2. 자율 주행 자동차는 인공 지능을 활용한 것이다. (O, X)

알갓냥의 하루

45 자율 주행

운전자가 직접 운전하지 않고, 차량 스스로 도로에서 달리게 하는 일

自	律	走	行
스스로 자	법칙 률(율)	달릴 주	다닐 행

교과서 속 어휘찾기

- **자율 주행** 자동차는 사람이 운전하지 않아도 스스로 움직인다.

- **자율 주행** 자동차가 생기면 노약자나 몸이 불편한 사람들이 차를 타고 쉽게 이동할 수 있을 것이다.

- 주인공이 명령하면 **자율 주행** 자동차가 스스로 운전하여 목적지로 데려다준다.

116

 를 부탁해!

자율 주행 자동차에 대해 알려 줘?

아빠가 자율 주행 자동차로 차를 바꿨어.

오, 멋져! 인공 지능을 갖춰 운전자 없이 스스로 운행이 가능한 자동차잖아.

하지만 아직은 다른 교통수단에 비해 자율 주행 발전이 가장 느리다고 해. 고속 도로와 달리 일반 도로는 돌발 상황이 너무 많거든. 그래도 계속 연구하고 있으니 더 발전된 자율 주행 자동차가 나오겠지?

내가 어른이 될 때 쯤엔 완벽한 자율 주행 자동차를 탈 수 있기를….

1. 운전자가 직접 운전하지 않고, 차량 스스로 도로에서 달리게 하는 일은?

① 자전거   ② 자세   ③ 자리   ④ 자율 주행

2. 자율 주행 자동차는 운전하지 않아도 스스로 움직이는 자동차이다. (O, X)

알갓냥의 하루

46 탑승

배나 비행기, 차 따위에 올라탐

어휘교실

12시까지 비행기 탑승인데, 어쩌냥!

뛰어가면 탑승 시간을 맞출 수 있을 거야.

搭
탈 **탑**

乘
탈 **승**

교과서 속 어휘찾기

• '7시 출발 서울행 비행기가 곧 출발할 예정이오니 승객 여러분께서는 조속히 **탑승** 해 주시기 바랍니다.'라는 방송이 들렸다.

• 서둘러 기차에 **탑승**했다.

• 노인과 허약자는 위험한 놀이 기구의 **탑승**을 금한다.

118

 **어휘친구**를 부탁해!　　　　　　　　　　　탑승과 승차? 같은 거 아니야?

오늘 태권도 버스 승차 시간이 몇 시냥?

오후 2시! 나도 깜박했네.

참! 지난 번 비행기 탑승 시간은 잘 맞췄냥?

당연하지. 그런데 왜 비행기는 탑승이라고 하고, 버스는 승차라고 해?

'탑승'은 배나 비행기, 차 따위에 올라타는 것이고, '승차'는 차를 탄다는 뜻이야. 차를 탄타는 의미는 같지만, 탑승이 더 넓은 의미지.

오! 난 승차보다 탑승이 훨씬 좋다냥!

 냥냥이와 **퀴즈대결**

1. 탑승은 배나 비행기, 차에 (올라, 내려)타는 것이다.

2. 탑승과 비슷한 말은?

① 수속　　　　　② 하차　　　　　③ 승차　　　　　④ 강차

머라냥의 하루

119

47 통신수단

소식이나 정보를 주고받을 때 사용하는 방법이나 도구

어휘교실

네가 가장 많이 사용하는 통신수단은 뭐야?

당연히 스마트폰 아니겠어?

通	信	手	段
통할 **통**	믿을 **신**	손 **수**	층계 **단**

교과서 속 어휘찾기

- 소식이나 정보를 전달하는 데 사용하는 방법이나 도구를 **통신수단**이라고 한다.

- 통신수단에는 라디오나 편지, 휴대 전화, 컴퓨터 따위의 도구가 있다.

- 통신수단의 발달은 전 세계를 하나의 지구촌으로 연결해 놓았다.

옛날에는 휴대 전화도 없고, 어떻게 약속을 잡았지?

옛날에도 통신수단으로 방, 서찰, 파발 따위가 있었다냥!

다 오래 걸리는 거였네.

그렇지. 요즘엔 통신 어플도 많고 스마트폰이 있어서 정말 편해. 버스나 지하철 도착 시간도 미리 알 수 있다냥!

다 과학 기술 덕분이지.

1. 소식이나 정보를 주고받을 때 사용하는 방법이나 도구는?

① 통신수단　　　　② 휴지통　　　　③ 보통　　　　④ 교통수단

2. 서찰은 (옛날, 오늘날) 통신수단이고, 컴퓨터는 (옛날, 오늘날) 통신수단이다.

예쁘냥의 하루

48 파발

조선 후기에, 나라의 중요한 일을 신속히 전달하려고 설치한 통신수단

어휘교실

비키시오!

擺
열 **파**

撥
다스릴 **발**

교과서 속 어휘찾기

- 옛날에는 적이 쳐들어오거나 나라에 위급한 상황이 생겼을 때 봉수, **파발**, 신호 연, 북 따위를 이용해 소식을 전했다.

- 나라의 중요한 일을 종이에 적어 **파발꾼**을 통해 전달하였다.

- **파발꾼**은 직접 말을 타고 가서 소식을 전하였다.

조선 시대에 나라의 중요한 일을 신속히 전달하려고 설치한 통신수단이 있다는데, 들어 봤냥?

당연하지. 파발이잖아. 파발에는 말을 타고 소식을 전하는 '기발', 걸어서 소식을 전하는 '보발'이 있다는 것도 난 알고 있지!

그런 일을 하던 사람을 뭐라고 하냥?

파발꾼이라고 해. 파발꾼이 말을 갈아타던 곳은 역참이고. 횃불과 연기로 소식을 전하는 봉수제가 날씨의 영향을 받자 봉수제의 보완책으로 도입했어.

 냥냥이와 퀴즈대결

1. 조선 후기에, 나라의 중요한 일을 신속히 전달하려고 설치한 통신수단을 (   ) (이)라고 한다.

2. 말을 타고 소식을 전하는 파발은?

① 기발   ② 신발   ③ 보발   ④ 출발

모르냥의 하루

49 화물선

화물을 실어 나르는 배

어휘교실

와! 저 배엔 무슨 짐이 저렇게 많냥?

짐을 실어 나르는 화물선이라 그래.

貨	物	船
재물 **화**	물건 **물**	배 **선**

교과서 속 어휘찾기

- **화물선**은 많은 화물을 실어 나르는 배로, **화물선**을 이용하면 많은 짐을 한꺼번에 멀리 옮길 수 있다.

- **화물선**에 해외로 수출할 수많은 화물이 가득 차 있다.

- 항구에 닻을 내리고 머무르던 **화물선**에서 화재가 발생했다.

🐱 난 나중에 군함 선장이 될 거야.

🐱 군함이라고? 혹시 전투에 참여하는 배 말하는 거냥?

🐱 응. 기름을 실어 나르는 유조선이나 사람을 실어 나르는 여객선보다 폼나잖아.

🐱 겉모습으로만 판단하면 안 된다냥! 여객선과 유조선 선장도 다 쓰임에 맞게 중요하고 멋진 직업이야.

🐱 그렇긴 하지만, 왠지 군함 선장이 더 멋져 보여서….

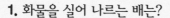

1. 화물을 실어 나르는 배는?

① 보트   ② 유조선   ③ 화물선   ④ 여객선

2. 배의 종류가 <u>아닌</u> 것은?

① 가마   ② 유조선   ③ 군함   ④ 화물선

어쩌냥의 하루

50 화상 통화

3. 교통과 통신수단의 변화

전화나 컴퓨터 따위의 화면을 통하여 상대방을 보면서 하는 통화

어휘교실

재 이상해! 자기 스마트폰에 대고 손을 막 흔들고 있어.

화상 통화하나 보네.

畫	像	通	話
그림 화	모양 상	통할 통	말씀 화

교과서 속 어휘찾기

• **화상 통화**로 먼 곳에 있는 사람의 얼굴을 보며 회의할 수 있다.

• 집에서 컴퓨터로 물건을 사는 것부터 회사에서 **화상 통화**로 먼 곳에 있는 사람과 회의하는 것까지 통신수단을 이용하는 모습은 다양하다.

126

시골 할머니랑 화상 통화하는 시간이 정말 좋다냥!

나도 그래. 할머니랑 영상 통화하면 정말 즐거워.

영상 통화라고?

화상 통화와 영상 통화는 비슷한 말이야. '영상 통화'는 주로 휴대 전화를 이용하여 화면으로 상대방의 얼굴을 보면서 나누는 통화를 말해. '화상 통화'는 휴대 전화를 포함한 전화나 컴퓨터 따위를 이용하기 때문에 더 넓은 의미로 쓰이지.

아~ 그렇구나. 우리도 지금부터 화상 통화로 이야기할까냥?

1. 화상 통화는 전화나 컴퓨터 따위의 (화면, 책)을 통하여 상대방을 보면서 하는 통화이다.

2. 영상 통화와 비슷한 말은?

① 공짜 통화　　　② 무료 통화　　　③ 음성 통화　　　④ 화상 통화

괜찬냥의 하루

개발하다

로봇이 음식을 배달해 주는 식당에 가 본 적 있어? 이러한 인공 지능 로봇의 개발로 우리의 생활이 편리해졌어. 이렇게 사람이나 단체가 무엇을 연구하여 새로운 것을 만들거나 토지나 천연자원 따위를 유용하게 만드는 것을 '개발하다'라고 해.

서술어 친구들

비슷한 말 | 반대말

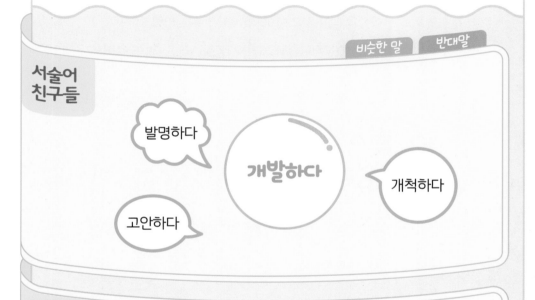

발명하다

개발하다

개척하다

고안하다

개념어랑 서술어랑

인공 지능, 자율 주행 + 개발하다

사람이 직접 운전하지 않아도 스스로 움직이는 자동차를 개발하고 있다는 거 들었어? 인공 지능의 발달이 조금 더 안전한 자율 주행 자동차를 만드는 데 도움을 주고 있어.

부산까지 고! 고!

변화하다

코로나로 세상이 많이 달라졌지? 많은 것들이 변화했지만 마스크를 써야 하는 점이 가장 크게 변화한 점일 거야. 이렇게 무엇의 모양이나 성질, 상태 따위가 바뀌어 달라지는 것을 '변화하다' 라고 해.

서술어 친구들

비슷한 말 | 반대말

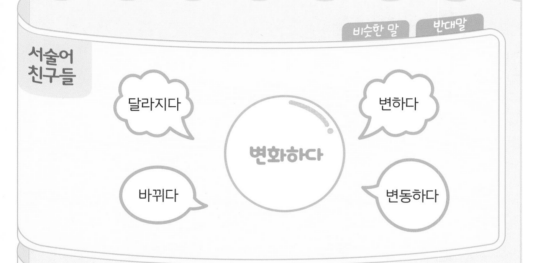

달라지다

변하다

변화하다

바뀌다

변동하다

개념어랑 서술어랑

가마, 교통수단, 여객선 + 변화하다

옛날에는 주로 걷거나 말, 가마, 돛단배 같은 교통수단을 이용했어. 그런데 과학 기술의 발달로 고속 열차, 버스, 비행기, 여객선, 승용차 따위로 변화하고 있지. 교통수단의 변화로 우리 생활이 매우 편리해졌어.

대중교통 이용엔 교통카드가 짱!

빽!

운반하다

이사해 본 적 있어? 이사를 하려면 우리 집에 있는 모든 물건들을 운반해야 해.
이삿짐센터 아저씨들이 우리 집의 물건들을 안전하게 운반해 주시지. 이렇게 물
건 따위를 옮겨 나르는 것을 '운반하다'라고 해. 물건들이 다 운반되어진 내 방
은 내가 정리해야겠지?

서술어 친구들

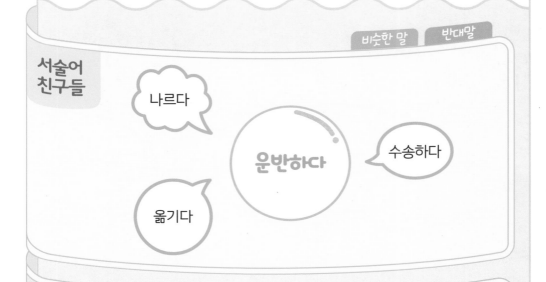

비슷한 말　반대말

나르다

운반하다

수송하다

옮기다

개념어랑 서술어랑

봉수, 통신수단, 파발 + 운반하다

옛날에는 나라에 위급한 일이 생겼을 때 봉수, 파발, 신호
연, 북 따위를 이용해 소식을 전했어. 이러한 통신수단
중 파발은 중요한 소식을 운반하는 파발꾼이 직접 말을 타
고 가거나 걸어서 전하는 것이었어.

이 소식을 언제
전하냐, 헉! 헉!

가파르다

등산해 본 적 있어? 등산로가 몹시 험해서 산에 오르기 힘든 적도 있었지? 이렇게 산이나 길이 몹시 기울어져 있는 것을 '가파르다' 라고 표현해. 가파른 산을 등산하는 것은 힘들지만, 정상에 오르면 뿌듯하기도 해.

서술어 친구들

비슷한 말　　반대말

비탈지다

가파르다

급하다

개념어랑 서술어랑

교통수단, 모노레일 + 가파르다

울릉도의 밭은 대부분 경사지고 가파른 곳에 많아서 모노레일이라는 교통수단이 꼭 필요하대. 모노레일은 가파른 길을 오르내리거나 수확한 농작물을 운반할 때 이용하지. 모노레일이 없었다면 너무 힘들었을 거야.

가파른 길에서는 모노레일이 최고!

적절하다

수업 시간에 선생님의 질문에 대답을 잘해서 칭찬받은 적 있지? 너희가 선생님의 질문에 적절한 대답을 해서 그럴 거야. 이렇게 '적절하다'는 꼭 알맞다는 의미를 가지고 있어. 적절한 대답을 하려면 수업 시간에 집중해야겠지?

비슷한 말 반대말

서술어 친구들

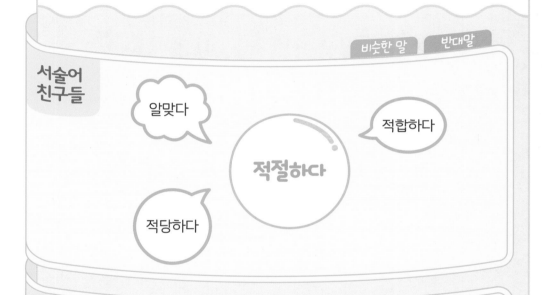

알맞다

적합하다

적절하다

적당하다

개념어랑 서술어랑

수신호, 통신수단 + 적절하다

통신수단을 적절하게 이용하면 빠르고 편리하게 일을 할 수 있어. 예를 들면 경찰관은 신호를 기다리지 않고 바로 통화할 수 있는 무전기를 이용하고, 잠수부는 물속에서 말을 할 수 없기 때문에 수신호를 이용하지.

뽀그르르르륵~

체험하다

학교에서 체험 학습을 가거나 가족과 함께 체험 여행을 가 본 적 있지? 이때 사람이 일을 실제로 보고 듣고 겪는 것을 '체험하다'라고 해. 책으로 공부하는 것도 좋지만 직접 체험해 보면 더 재미있게 배울 수 있잖아? 체험하는 공부도 많이 해 봐!

비슷한 말 **반대말**

서술어 친구들

겪다

체험하다

경험하다

개념어랑 서술어랑

방, 봉수, 통신수단 + 체험하다

민속촌에 전통문화를 체험해 볼 수 있는 여러 가지 프로그램이 있어. 옛날의 통신수단에 관심이 많은 나는 방을 붙여 보고, 봉수대에 올라 연기를 피워 보는 체험을 했어.

방을 붙이자!

사회 쏙

정답

01	개항	1. 개항	2. ②
02	검색	1. 검색	2. ④
03	고장	1. 사람	2. ②
04	누리집	1. ②	2. ○
05	드론	1. 드론	2. ○
06	디지털 영상 지도	1. ④	2. ③
07	목적지	1. 목적지	2. ②
08	백지도	1. ④	2. ②
09	실제	1. 실제	2. ①
10	안내도	1. 안내도	2. ①
11	위치	1. 위치	2. ①
12	인공위성	1. 인공위성	2. ○
13	주요	1. 주요	2. ③
14	지형지물	1. 지형지물	2. ④
15	탐방	1. 탐방	2. ④
16	고유	1. ④	2. ×
17	답사	1. 답사	2. ③
18	면담	1. 면담	2. ①
19	명물	1. 명물	2. ③
20	무형	1. 없는	2. ④
21	문화유산	1. 문화유산	2. ②
22	문화재청	1. ①	2. ○
23	민담	1. 이야기	2. ④
24	유래	1. ④	2. ③
25	유형	1. 유형, 무형	2. ③

초등 3·1

1판 1쇄 펴냄 | 2023년 1월 5일
1판 2쇄 펴냄 | 2024년 1월 15일

기   획 | 이은경
글 | 이은경·안수정
그   림 | 김재희
발행인 | 김병준
편   집 | 이현주·박유진·김리라
마케팅 | 김유정·최은규
디자인 | 김용호·권성민
발행처 | 상상아카데미

등록 | 2010. 3. 11. 제313-2010-77호
주소 | 서울시 마포구 독막로 6길 11(합정동), 우대빌딩 2, 3층
전화 | 02-6953-7790(편집), 02-6925-4188(영업)
팩스 | 02-6925-4182
전자우편 | main@sangsangaca.com
홈페이지 | http://sangsangaca.com

ISBN 979-11-85402-71-0 (64080)
      979-11-85402-70-3 (64080) (세트)